Lições de
DIREITOS FUNDAMENTAIS
NO PROCESSO CIVIL
O CONTEÚDO PROCESSUAL DA CONSTITUIÇÃO FEDERAL

P8531   Porto, Sérgio Gilberto
        Lições de direitos fundamentais no processo civil:
    o conteúdo processual da Constituição Federal / Sérgio
    Gilberto Porto, Daniel Ustarroz. – Porto Alegre: Livra-
    ria do Advogado Editora, 2009.
        133 p.; 21 cm.
        ISBN 978-85-7348-618-6

        1. Processo civil: Direitos e garantias individuais.
    2. Processo civil: Constituição. I. Ustarroz, Daniel.
    II. Título.

CDU – 347.9

Índices para catálogo sistemático:

Processo civil: Constituição	347.9:342.4
Processo civil: Direitos e garantias individuais	347.9:342.7

(Bibliotecária responsável: Marta Roberto, CRB-10/652)

Sérgio Gilberto Porto
Daniel Ustárroz

Lições de DIREITOS FUNDAMENTAIS NO PROCESSO CIVIL

O CONTEÚDO PROCESSUAL DA CONSTITUIÇÃO FEDERAL

livraria
DO ADVOGADO
editora

Porto Alegre, 2009

©
Sérgio Gilberto Porto
Daniel Ustárroz
2009

Capa, projeto gráfico e diagramação
Livraria do Advogado Editora

Revisão
Betina Denardin Szabo

Direitos desta edição reservados por
Livraria do Advogado Editora Ltda.
Rua Riachuelo, 1338
90010-273 Porto Alegre RS
Fone/fax: 0800-51-7522
editora@livrariadoadvogado.com.br
www.doadvogado.com.br

Impresso no Brasil / Printed in Brazil

Obras dos Autores

Sérgio Gilberto Porto
- *Manual dos Recursos Cíveis.* 2. ed. Livraria do Advogado: 2008.
- *Coisa Julgada Civil.* 3. ed. Revista dos Tribunais: 2006.
- *Doutrina e Prática dos Alimentos.* 3. ed. Revista dos Tribunais: 2002.
- *Comentários ao CPC*, v. 6. Revista dos Tribunais: 2000.
- *Sobre o Ministério Público no Processo não-criminal.* 2 ed. Aide. 1999.

Daniel Ustárroz
- *Manual dos Recursos Cíveis.* 2. ed. Livraria do Advogado: 2008.
- *Responsabilidade Contratual.* 2. ed. Revista dos Tribunais: 2007.
- *Intervenção de Terceiros no Processo Civil.* Livraria do Advogado: 2004.

"Certamente la formula: garanzie proces-suali, è incerta, oscura, multivalente. Ma è próprio qui, è próprio in queste incertezze, in queste oscurità, che si rivela la ragione profonda dell'esigenza di un organo specificamente investito della funzione d'interpretazione-attuazione della norma costituzionale. Le Costituzioni, oltre a porre le fondamentali norme di organizzazione, per loro natura sono intese a concretizzare, a storicizzare quella suprema scala dei valori sociali, che fanno capo all'idea di giustizia: esse sono intese a rendere per così dire positiva l'idea di giustizia, a rendere storico il diritto naturale: esse esprimono il drammatico tentativo di fissare nel tempo quelle idee, quei valori supremi, che sono in realtà essenzialmente mutevoli, perché s'identificano con la storia stessa ossia con la vita dell'uomo. Ma in questo tentativo le Costituzioni sono fatalmente costrette a fermarsi alle linee generali, alle idee direttive, ai programmi".

Mauro Cappelletti
Diritto di Azione e di Difesa e Funzione
Concretizzatrice della Giurisprudenza
Costituzionale, p. 81-82.

Sumário

Introdução 11

Capítulo 1: A Constitucionalização do Direito Processual 15

1. Breves notas sobre a afirmação do ativismo constitucional 15
   1.1. Aspectos positivos 22
   1.2. Aspectos negativos 24
2. O impacto do constitucionalismo no direito processual 28
3. O desafio de harmonizar as garantias
   constitucional-processuais 31
4. As garantias constitucional-processuais como
   direito formativo 36

Capítulo 2 – Acesso à Justiça (5°, XXXV, CF) 40

1. A revalorização do acesso à Justiça 40
2. A genialidade de Mauro Cappelletti e a temática
   do acesso à justiça 45
3. O desafio perene 47
4. A garantia da inafastabilidade como derivação do livre
   e efetivo acesso à Justiça 49

Capítulo 3 – Contraditório (5°, LV, CF) 52

1. O contraditório como método de trabalho 52
2. A polêmica relativização do contraditório 55
3. Projeções atuais do contraditório 57

**Capítulo 4 – A Publicidade dos atos processuais
(5°, LX e 93, IX,CF)** 60

1. A transparência da Administração da Justiça e
   a publicidade dos atos processuais 60
2. Os limites da decretação do segredo de justiça 63

Capítulo 5 – Motivação das decisões judiciais (93, IX, CF) 66
1. A constitucionalização do dever de fundamentar as decisões 66
2. A multifuncionalidade da motivação 67

Capítulo 6 – Juízo e promotor natural (5º, LIII, CF) 72
1. O significado constitucional do juízo natural 72
2. A garantia do promotor natural 78

Capítulo 7 – Proibição da obtenção de prova por meio ilícito (5º, LVI, CF) 80
1. Caracterização da prova ilícita 80
2. A polêmica inadmissibilidade da prova ilícita 82

Capítulo 8 – Isonomia processual (5º, *caput*, CF) 87
1. O constante desafio da igualdade 87
2. A igualdade dentro do direito processual 89
3. A atualidade constitucional do reexame necessário 92

Capítulo 9 – Duplo grau de jurisdição 94
1. Duplo grau de jurisdição 94

Capítulo 10 – Duração razoável do Processo (5º, LXXVIII, CF) 100
1. Antecedentes históricos e a recente recepção constitucional .. 100
2. A necessária comparação entre a ampla defesa e a duração razoável 102
3. A duração razoável e as últimas reformas 104

Capítulo 11 – Coisa julgada (5º, XXXVI, CF) 106
1. A segurança jurídica e o direito processual 106
2. A tradicional divisão entre coisa julgada formal e coisa julgada material 108
3. A delimitação objetiva e subjetiva da coisa julgada 110
4. Existiriam limites temporais? 112
5. O dilema da relativização da coisa julgada 115

Capítulo 12 – Devido processo constitucional ou devido processo da ordem jurídica do Estado Democrático de Direito (5º, LIV, CF) como síntese dos princípios materiais constitucionais 119
1. O devido processo constitucional brasileiro 119
2. Da aplicação do devido processo constitucional no contencioso administrativo 124

Referências bibliográficas 129

Introdução

Na Carta Magna, encontram-se os direitos mais valorizados pela sociedade e pelo próprio sistema. É a Constituição Federal que, através dos princípios, valores e direitos nela incorporados, fornece o ponto de partida para a interpretação e a argumentação jurídica. Hoje, sua força normativa permeia toda a ordem jurídica, circunstância que motiva análise de sua relação com todos os tradicionais ramos do direito, dentre os quais a ciência processual.[1]

No Brasil, o vínculo entre Constituição e processo ficou mais evidente a partir da Constituição de 1988, em face das múltiplas previsões aplicáveis ao direito processual. Temas que antes eram definidos pela aplicação de normas infraconstitucionais, agora merecem análise à luz das premissas colocadas pelo texto maior.

A Constituição trata de direitos fundamentais do jurisdicionado. Contempla, por igual, instrumentos e disciplina temas vinculados ao exercício da jurisdição. Dentre outras, são conhecidas as ações constitucionais de Habeas Corpus, o Habeas Data, o Mandado de Segurança, o Mandado de Segurança Coletivo, o Mandado de Injunção, a Ação Popular, a Ação Civil Pública. Igualmente importantes são

---

[1] Consultar, sobre o tema, com largo proveito, estudo de Hesse, Konrad. *A Força Normativa da Constituição*. Porto Alegre: Sérgio Antonio Fabris Editor, 1991, Tradução de Gilmar Ferreira Mendes.

os mecanismos de fiscalização de constitucionalidade de atos e normas do Poder Público (tais como a Ação Direta de Inconstitucionalidade, a Ação Declaratória de Constitucionalidade, a Argüição de Descumprimento de Preceito Fundamental, etc.).

No que toca à sede recursal, além do Recurso Ordinário, estão instituídos os recursos de natureza extraordinária, representados pelo Recurso Especial, dirigido ao Superior Tribunal de Justiça, e pelo Recurso Extraordinário, dirigido ao Supremo Tribunal Federal. Afora isto, a Constituição Federal também rege matéria referente à competência do STF (102, CF), do STJ (105, CF), dos Tribunais Regionais Federais (108, CF), dos Juízes Federais (109, CF), e da Justiça do Trabalho (114, CF). Disciplina a legitimidade para propositura de ADIn e ADC (103, CF), bem assim rege a atuação judicial do Ministério Público (129, CF), da Defensoria Pública (134, CF) e da Advocacia (131 a 133, CF).

Enfim, a Constituição dispõe de nítido conteúdo processual. Naquilo que mais de perto interessa à obra, chama-se a atenção para os direitos fundamentais do jurisdicionado, que formam um verdadeiro modelo principiológico processual, de macro-compreensão do sistema, eis que representam primados constitucionais incidentes em todos os ramos processuais especializados (civil, penal, consumeirista, tributário, eleitoral, militar, etc.). Ou seja: são parâmetros constitucionais ditados para a ordem processual, razão pela qual freqüente na doutrina a denominação de "princípios constitucionais-processuais".[2]

Atento ao tema, Elio Fazzalari, aduziu, em precioso ensaio, que "se tratam de valores transtemporais, porque ligados a exigências imemoráveis, e transnacionais, porque correspondem a exigências sem fronteiras. A sua constância se ergue e prevalece contra os desvalores das recorren-

---

[2] Nesta linha, dentre outros, p. ex., Nelson Nery Junior. *Princípios do Processo Civil na Constituição Federal*. São Paulo: RT, 1992.

tes crises da administração da Justiça. E prossegue, com maestria, recordando que o direito a processo público, diante de um Tribunal imparcial, independente e préconstituído; o direito de participar em pé de igualdade em relação aos adversários, com adequadas possibilidades de defesa; o direito ao processo racionalmente rápido; estes direitos, quase canonizados na Convenção Européia dos Direitos do Homem, realizam outros valores permanentes do processo jurisdicional, na mesma medida que 'nemo iudex sine actore' e da 'res iudicata'".[3]

Assim, pois, o conteúdo processual da Constituição Federal vem expressado por um conjunto de direitos oferecidos ao cidadão. Estes, ora vem configurados como o direito propriamente dito – por constituírem direitos erigidos pela Constituição ao patamar de fundamentais – ora vem formatados como instrumentos, caracterizando "direito-meio" – por definirem a forma como se exerce judicialmente determinado direito –, ora se apresentam como disciplina de distribuição de funções ou atribuições, tudo com o fito de consolidar a cultura democrática no seio da sociedade.

Neste breve trabalho, será enfocada esta primeira previsão, qual seja os reflexos dos direitos fundamentais dentro do direito processual. Antes de pretender discutir exaustivamente os temas propostos, a obra objetiva servir

---

[3] Fazzalari, Elio. Valori Permanenti del Processo. In: *Diritto Naturale Verso Nuove Prospettive, Quaderni di Iustitia* nº 39, p. 59, A cura dell'Unione Giuristici Cattolici Italiani, Giuffre, 1977. No original, si tratta di valori transepocali, perché legati ad esigenze immemorabili, e transnazionali, perché corrispondono ad esigenze senza frontiere. La loro costanza si erge e prevale contro i disvalori delle ricorrente crisi della amministrazione della giustizia (...) Il diritto a processo pubblico, dinanzi a tribunale imparziale, independente e precostituito; il diritto a parteciparvi sul piede di parità rispetto agli avversari, con adeguate possibilità di difesa; il diritto a processo ragionevolmente rapido: questi diritti, quali canonizzati dalla Convenzione europea dei diritti dell'uomo, realizzano altrettali valori permanenti del processo giurisdizionale; alla stessa stregua del 'nemo iudez sine actore' e della res iudicata.

Lições de Direitos Fundamentais no Processo Civil

de singela advertência, especialmente dirigida à comunidade acadêmica da ineliminável influência da Constituição Federal na interpretação da legislação processual e de alguns possíveis reflexos do fenômeno.

Capítulo 1 – A Constitucionalização do Direito Processual

1. Breves notas sobre a afirmação do ativismo constitucional

A revalorização das normas constitucionais e das tradicionais fronteiras entre os ramos específicos do direito gerou a necessidade de adaptação do Poder Judiciário, ao longo do século XX. Esse fenômeno, em nosso sentir, não pode ser considerado inédito, pois, analisando a evolução do Poder Judiciário, nos dois últimos séculos, observa-se que sua atuação variou em razão de fatores culturais, o que é absolutamente natural. O outrora conhecido juiz "cargo de confiança", indicado e submetido ao Poder Executivo, combatido pela pena talentosa do Barão de Montesquieu, cedeu lugar para outra magistratura, independente, comprometida com a Constituição e por ela legitimada.

Com efeito, a evolução do pensamento jurídico e a alteração de seus paradigmas trazem consigo conseqüências importantes, principalmente em sede de relações – nem sempre independentes e harmônicas – entre os Poderes. Observou Giuseppe Chiovenda que o poder de um juiz seria proporcional ao grau de confiança nele depositado pela população. Quando este não fosse alto, o natural seria

Lições de Direitos Fundamentais no Processo Civil

a imposição de formalismos para salvaguardar as liberdades. Do contrário, justificada estaria a atuação intensa do magistrado, com o fito de proteger os direitos fundamentais. Ao menos aqueles sistemas que se julgam democráticos atentaram – ou deveriam atentar – para a fórmula de Chiovenda, que conserva sua atualidade.

Observando o desenvolvimento dos sistemas europeus, nota-se que o período moderno altera o paradigma da idade média, época na qual "o juiz ao resolver as controvérsias não estava vinculado a escolher exclusivamente normas emanadas do órgão legislativo do Estado, mas tinha uma certa liberdade de escolha na determinação da norma a aplicar; podia deduzi-la das regras do costume, ou ainda daquelas elaboradas pelos juristas ou, ainda, podia resolver o caso baseando-se em critérios eqüitativos, extraindo a regra do próprio caso em questão segundo os princípios da razão natural".[4] Já na Idade Moderna, com o fortalecimento dos Estados Nacionais, inicia-se um processo de centralização política, ocasionando uma transformação no papel do magistrado. Agora ele passa a ser um "órgão do Estado, um verdadeiro e autêntico funcionário do Estado". Corolário lógico deste processo é o prestígio das normas emanadas pelo Estado, com a redução do pluralismo das fontes e a imposição ao juiz de "aplicar apenas as normas postas pelo Estado, que se torna, assim, o único criador do direito".[5]

Dentro desse contexto, o positivismo jurídico representa mais um passo na direção da apropriação estatal do direito, embora com características peculiares. Sob a influência do jusnaturalismo e com o prestígio do racionalismo, o Código Napoleônico – quiçá mais pelo trabalho de seus intérpretes e menos pela vontade de seus redato-

---

[4] Norberto Bobbio. *O positivismo jurídico*, p. 28.
[5] Op. cit., p. 29.

res – surge como um modelo.[6] O sistema se fecha, com a conclusão de que as respostas para regular a convivência humana poderiam ser encontradas dentro do ordenamento legal, e não à sua margem.[7] Não deixa de ser curioso que o monismo legislativo apreciado pela filosofia revolucionária seja historicamente um conceito monárquico. Como constata Gustavo Zagrebelski, "Creonte, e con lui l'assolutismo monista nel diritto, sembrano lì aver vinto la loro battagli".[8]

Como qualquer outro modelo de pensar o direito, o positivismo possui méritos e problemas. Se, por um lado, contribuiu para a sistematização do Direito, por outro, ao considerar a lei como fonte exclusiva do fenômeno jurídico, ignorou a complexidade ínsita no próprio "mundo jurídico", isolando-o do fato e do juízo valorativo. Na medida em que constatada sua insuficiência, surgiram alternativas para aprimorar a prestação jurisdicional. Bem observou Klaus Stern que, no início do século XX, ficou claro que, apesar dos códigos estarem orientados segundo o ideal de abrangência, seria impossível no direito privado considerar o juiz como mero prolator mecanicista de algo previamente pensado na lei. O juiz avançou à condição de intérprete da lei com decisão de vontade própria; por vezes ele se viu obrigado a assumir a função de legislador, quando a lei o abandonava por falta de clareza, por lacunosidade ou falta de determinação. E foi lançado o desafio, bem exposto pelo professor da Universidade de Colônia, de "implementar"

---

[6] Interessantes as ponderação de Norberto Bobbio, na obra citada, p. 71-80, acerca do pensamento de Portalis. O leitor interessado em acessar o famoso discurso proferido por Portalis perante o Conselho de Estado, apresentando o Projeto de Código, o encontra facilmente no site da Faculdade de Direito de Lyon.

[7] Obviamente, diante do escopo do presente trabalho, se está a resumir e a simplificar, de forma demasiada, a complexa e rica movimentação jurídica dos últimos séculos. Não se ignora que, em solo estado-unidense, o debate era outro. Contudo, pela aproximação do sistema brasileiro do europeu continental, opta-se pelo cotejo com esse.

[8] *Il giudice delle leggi artefice del diritto*, p. 29.

Lições de Direitos Fundamentais no Processo Civil

a lei – e não apenas de repeti-la – interpretando seu significado conforme o "espírito do direito, sobretudo do direito constitucional e da ordem de valores que o direito constitucional fornece como orientação prévia".[9]

Paralelamente, com o avanço do século XX, nos países da civil law em especial, surge um "novo passo do constitucionalismo tardio", com o reposicionamento das Constituições. Ao lado das previsões abstratas que regulam as relações entre os Poderes Públicos e entre esses e os cidadãos, idealizam as Cartas direitos para as pessoas, o que também ocasiona mudança no perfil do Poder Judiciário.

Esse constitucionalismo tardio encontra solo fértil para florescer no solo brasileiro, em razão do rico e complexo modelo de controle de constitucionalidade. No nosso sistema, pela adoção da fiscalização difusa da constitucionalidade de leis e atos, todo e qualquer juiz tem o dever de não aplicar previsões que conflitem com a Constituição Federal. Não há justificativa, portanto, para qualquer magistrado eximir-se da aferição de constitucionalidade de toda e qualquer norma que venha a ser aplicada em todo e qualquer caso concreto. A magistratura, de primeira a última instância, é guardiã da Constituição.[10]

---

[9] *O juiz e a aplicação do direito*, p. 506-507.

[10] Grande entusiasta do controle difuso, Ruy Barbosa se pronunciava: "entre as leis, aqui, entre as leis ordinárias e a lei das leis, é a justiça quem decide, fulminando aquelas, quando com esta colidirem. Soberania tamanha só nas federações de molde norte-americano cabe ao poder judiciário, subordinado aos outros poderes nas demais formas de governo, mas, nesta, superior a todos. Dessas democracias, pois, o eixo é a justiça, eixo não abstrato, não supositício, não meramente moral, mas de uma realidade profunda, e tão seriamente implantado no mecanismo do regime, tão praticamente embebido através de todas as suas peças, que, falseando ele ao seu mister, todo o sistema cairá em paralisia, desordem a subversão. Os poderes constitucionais entrarão em conflitos insolúveis, as franquias constitucionais ruirão por terra, e da organização constitucional, do seu caráter, das suas funções, das suas garantias apenas restarão destroços". *Oração aos moços*, p. 48-50. São Paulo: Martin Claret, 2004.

Entretanto, esse sistema de controle difuso de constitucionalidade, já esboçado pela Constituição de 1891, não se desenvolve com naturalidade, pela formação cultural dos operadores. No século XX, foi utilizada a eximente da "natureza meramente programática das normas constitucionais" para se evitar assumir a responsabilidade que o constitucionalismo impunha. Data vênia, a negativa de eficácia às normas constitucionais, além de um fenômeno que não se afina com o constitucionalismo contemporâneo, gera a lamentável conseqüência de desacreditar a própria Constituição.[11]

Por sorte, a Constituição Federal de 1988, refletindo o pensamento da doutrina e a expectativa social, estabelece, no § 1º do art. 5º, que "as normas definidoras de direitos fundamentais têm aplicação imediata", suprimindo a tradicional desculpa para não dar vida à Constituição utilizada no século passado. Como registram Gilmar Mendes, Inocêncio Coelho e Paulo Branco nos sistemas jurídicos democráticos é comum o zelo em evitar que as posições afirmadas como essenciais da pessoa quedem como letra morta ou que só ganhem eficácia a partir da atuação do legislador. Espera-se, das normas constitucionais, um mínimo de eficácia, "pela necessidade de superar, em definitivo, a concepção do Estado de Direito formal, em que os direitos fundamentais somente ganham expressão quando regulados por lei, com o que se expõem ao esvaziamento de conteúdo pela atuação ou inação do legislador".[12]

Essa premência de valorizar a Constituição e reinterpretar todo o arcabouço legislativo criado ao longo de séculos impõe ao magistrado uma nova postura frente ao

---

[11] Como ponderam Gilmar Mendes, Inocêncio Coelho e Paulo Branco: "o art. 5º, § 1º, da CF autoriza que os operadores do direito, mesmo à falta de comando legislativo, venham a concretizar os direitos fundamentais pela via interpretativa. Os juízes, mais do que isso, podem dar aplicação aos direitos fundamentais mesmo contra a lei, se ela não se conformar ao sentido constitucional daqueles". Op. cit., p. 253.

[12] *Curso de Direito Constitucional*, p. 251.

Direito. Não mais de inação ou mera aplicação, mas de integração. Como pondera Klaus Stern, aumenta a responsabilidade do juiz, pois cabe a ele a última palavra sobre o que é de direito. A sua sentença indica a direção da compreensão das leis, sendo freqüente o aperfeiçoamento do direito pelo trabalho interpretativo, tanto nos sistemas que se orientam pelos Códigos, quanto nos sistemas que privilegiam os prejulgados. Sob este enfoque, poderia ser reconhecido o "direito judicial" como fonte do direito.[13]

Dentro desse contexto, torna-se inevitável que a atuação do magistrado seja orientada para otimizar os direitos fundamentais. E, por decorrência, o Tribunal começa a se ocupar de problemas novos, elaborando interpretações vinculadas com a Constituição para cumprir aquela missão.[14]

Uma das características marcantes do fenômeno jurídico do século XX foi a revalorização da linguagem. Os modelos fechados idealizados na Era da Codificação, com a aspiração de completude e autosuficiência, cedem posto a uma concepção aberta, consciente de suas próprias limitações. Paulatinamente, os conceitos jurídicos indeterminados, as cláusulas gerais e os princípios jurídicos são revalorizados como um meio de permitir que o direito evolua, prescindindo de alterações legislativas pontuais.[15]

---

[13] *O juiz e a aplicação do direito*, p. 513.

[14] Observa Mauro Cappelletti que "inevitavelmente, o tribunal investido da árdua tarefa de atuar a constituição é desafiado pelo dilema de dar conteúdo a tais enigmáticos e vagos preceitos, conceitos e valores (tarefa, claro está, altamente criativa) ou considerar como não vinculante justamente o núcleo central das constituições modernas, vale dizer, a parte dos textos constitucionais relativa à salvaguarda dos direitos fundamentais do homem em face do poder público". *Juízes Legisladores?*, p. 68.

[15] Como sublinha Ingo Sarlet, "aplicar princípios é estar sempre aberto à renovação do Direito, compreendida aqui como necessariamente abrangendo um processo permanente de reconstrução da ordem jurídica, sempre protagonizado também pelo Poder Judiciário, ainda mais considerando a circunstância elementar de que é a jurisprudência responsável, em larga medida e por mais que se queira e possa criticar essa

A textura aberta das normas permite que os operadores – já então cientes de que por mais detalhadas que fossem as leis, sempre haveria algum espaço para ser preenchido pela atuação judicial responsável – dêem um passo avante.[16] A questão é bem trabalhada por Gustavo Zagrebelski, quando "l´aspirazione razionalista a una giurisprudenza meccanica non creativa, un´aspirazione figlia dell´esigenza di certezza, un´aspirazione che si considera realizzabile se solo e solo se il legislatore si decidesse a svolgere bene il suo compito: se per ogni caso fosse posta una norma chiara e distinta e se il contenuto di questa norma si accordasse sempre armoniosamente con quello delle altre norme che formano il diritto come ordenamento".[17]

Mauro Cappelletti, pesquisando as conturbadas relações entre a legislação e o Poder Judiciário, conclui que "com ou sem consciência do intérprete" haverá sempre um "certo grau de discricionariedade, e pois de criatividade", na medida em que essa criatividade é "inerente a toda interpretação, não só à interpretação do direito, mas também no concernente a todos outros produtos da civilização humana, como a literatura, a música, as artes visuais, a filosofia, etc. Em realidade, interpretação significa penetrar os pensamentos, inspirações e linguagem de outras pessoas com vistas a compreende-los e – no caso do juiz, não menos que no do musicista, por exemplo – reproduzilos, 'aplicá-los' e 'realizá-los' em nosso e diverso contexto e tempo e lugar. É óbvio que toda reprodução e execução

---

função, pela própria compreensão do conteúdo e significado jurídico desses princípios". *Breves notas sobre a contribuição dos princípios para a renovação da jurisprudência brasileira*, p. 298.

[16] Mauro Cappelleti sublinha: "por mais que o intérprete se esforce por permanecer fiel ao seu 'texto', ele será sempre, por assim dizer, forçado a ser livre, porque não há texto musical ou poético, nem tampouco legislativo, que não deixe espaço para variações ou nuances, para a criatividade interpretativa". *Juízes Legisladores?*, p. 22.

[17] *Il giudice delle leggi artefice del diritto*, p. 11.

Lições de Direitos Fundamentais no Processo Civil

21

varia profundamente, entre outras influências, segundo a capacidade do intelecto e estado de alma do intérprete".[18]

Obviamente o raciocínio expendido pelo professor italiano não avaliza o decisionismo judicial. Na verdade, como coloca, "o reconhecimento de que é intrínseco em todo ato de interpretação certo grau de criatividade – ou, o que vem a dar no mesmo, de um elemento de discricionariedade e assim de escolha –, não deve ser confundido com a afirmação de total liberdade do intérprete. Discricionariedade não quer dizer, necessariamente, arbitrariedade, e o juiz, embora inevitavelmente criador do direito, não é necessariamente um criador completamente livre de vínculos. Na verdade, todo sistema jurídico civilizado procurou estabelecer e aplicar certos limites à liberdade judicial, tanto processuais quanto substanciais".[19]

Algumas dessas projeções serão rapidamente abordadas.

1.1. Aspectos positivos

A partir do reconhecimento dos princípios e do catálogo dos direitos fundamentais surgem, dentro processo judicial, algumas conseqüências importantes, tal como a proteção necessária ao núcleo essencial de cada um destes direitos. Como assevera Francisco Callejón, para os direitos vigem garantias fortes, que irão impedir as limitações abusivas.[20] Diante da perspectiva de realizar os direitos na

---

[18] Op. cit., p. 21.

[19] Op. cit., p. 24.

[20] Com amparo na "Constituição Européia" , coloca o professor espanhol que "para los derechos rigen garantias fuertes como la garantia del contenido esencial establecida em el artículo 112.1: 'cualquier limitación del ejercicio de los derechos y libertades reconocidos por la presente Carta deberá ser establecida por la ley y respetar el contenido esencial de dichos derechos y libertades. Dentro del respecto del principio de proporcionalidad, solo podrán introducirse limitaciones cuando sean necesarias y respondan efectivamente a objetivos de interes general re-

maior escala possível, todos os intérpretes são chamados a considerar a ordem jurídica global, para encontrar a solução mais adequada ao caso concreto.

Um fator extremamente benéfico para o fenômeno jurídico reside na consideração dos direitos fundamentais para a legitimação do discurso.[21] A discussão acerca do alcance da força normativa dos princípios, sempre presente nos últimos séculos, ganha um capítulo novo, com a incorporação de muitos princípios na qualidade de direitos fundamentais. A partir dessa recepção, os intérpretes encontram valiosos pontos de apoio para o seu pensamento, os quais servirão para aferir a razoabilidade e a coerência das soluções propostas, quer em sede doutrinária, quer na esfera jurisprudencial.

Disso decorre a permanente oxigenação do sistema, facultando que as transformações culturais sejam apreendidas pelo direito, sem a necessidade de alterações legislativas. Os direitos fundamentais reconhecidos pela Constituição Federal revitalizaram os Códigos Processuais, permitindo que todas as suas normas, que datam de décadas, fossem analisadas à luz do espírito constitucional.

Para a realização do direito, quando inviável encontrar uma solução harmônica para os envolvidos, surgem aos cidadãos os direitos fundamentais processuais e um Poder Judiciário independente idealizado pela Constituição Federal, capaz de responder às exigências da sociedade. A legitimação da magistratura advém da Constituição e do respeito angariado pela sua atuação junto ao povo.

---

conocidos por la Unión o a la necesidad de protección de los derechos y libertades de los demás'". *La configuración normativa de princípios y derechos constitucionales em la Constitución Europea*, p. 324.

[21] Lembra Ingo Sarlet que "os princípios atuam acima de tudo como razões justificativas e, portanto, critérios materiais, da fundamentalidade (material) de determinadas posições jurídicas, viabilizando a aplicação, nestas hipóteses, do regime pleno dos direitos fundamentais". *Breves notas sobre a contribuição dos princípios para a renovação da jurisprudência brasileira*, p. 302.

Lições de Direitos Fundamentais no Processo Civil

Como percebe Dalmo Dallari, "o juiz recebe do povo, através da Constituição, a legitimação formal de suas decisões, que muitas vezes afetam de modo extremamente grave a liberdade, a situação familiar, o patrimônio, a convivência em sociedade e toda uma gama de interesses fundamentais de uma ou de muitas pessoas. Essa legitimação deve ser permanentemente complementada pelo povo, o que só ocorre quando, segundo a convicção predominante, os juízes estão cumprindo o seu papel constitucional, protegendo eficazmente os direitos e decidindo com justiça".[22]

Por tais sucintos motivos, o ativismo constitucional – entendido como a vontade de fazer atuar a constituição – possui inegável valor histórico.

1.2. Aspectos negativos

Um dos riscos sempre presente na utilização dos princípios para a resolução das complexas questões jurídicas é o uso eminentemente retórico, de sorte a justificar "praticamente qualquer decisão e qualquer tipo de resultado imaginável, a reforçar o conteúdo autoritário dos princípios e mesmo dar margem a que alguém venha a se referir a uma espécie de 'tirania dos valores', como, embora em outro contexto, já o havia formulado Carl Schmitt".[23]

Em que pese todo o esforço da academia e de muitos operadores para se evitar o decisionismo judicial, a realidade aponta para diversos casos dirimidos mais à luz de um sentimento pessoal de justiça do que propriamente pela valorização do direito constitucional. Há sentenças que, sob o argumento de aplicação de princípios elevados do ordenamento, beiram a teratologia, como o caso em que um juiz, apreciando ação indenizatória, considerou que o futebol "é jogo viril, varonil, não homossexual", sugerin-

---

[22] *O poder dos juízes*, p. 91.

[23] Ingo Sarlet. *Breves notas sobre a contribuição dos princípios para a renovação da jurisprudência brasileira*, p. 308.

do que a comunidade arco-íris abandonasse os gramados. Outra decisão recente na Justiça Brasileira condenou um Banco a indenizar um cliente, no valor de R$ 2.200.000,00, pelo equívoco na devolução de um cheque, cujo soma era inferior a R$ 3.000,00.

A esses exemplos malucos de aplicação aleatória e inconstitucional do direito, poderiam ser agregados outros tantos em que, embora com mais discrição, o direito constitucional é vilipendiado. Todas essas situações, ao invés de aumentar o prestígio da Constituição Federal e do Poder Judiciário, data venia, apenas afastam o Direito da sociedade civil, tornando-se absolutamente incompreensível para os consumidores da justiça.

Dentro desse quadro, a doutrina adverte que a "criatividade jurisprudencial, mesmo em sua forma mais acentuada, não significa necessariamente 'direito livre', no sentido de direito arbitrariamente criado pelo juiz do caso concreto. Em grau maior ou menor, esses limites substanciais vinculam o juiz, mesmo que nunca possam vinculá-lo de forma completa e absoluta".[24] E que "o verdadeiro problema, portanto, não é o da clara oposição, na realidade inexistente, entre os conceitos de interpretação e criação do direito. O verdadeiro problema é outro, ou seja, o do grau de criatividade e dos modos, limites e aceitabilidade da criação do direito por obra dos tribunais judiciários".[25]

Justamente para minimizar o risco de que os Poderes, especialmente o Judiciário, se valham indevidamente da linguagem propositadamente aberta da Constituição Federal para, ignorando o Direito, fazerem valer sua vontade própria, surge a missão da dogmática jurídica, da doutrina e da academia de delimitar o alcance das proposições

---

[24] Mauro Cappelletti. *Juízes Legisladores*, p. 26.
[25] Ibidem, p. 21

constitucionais e estabelecer critérios claros para a interpretação.

De maneira objetiva e didática e didática Gilmar Mendes, Inocêncio Coelho e Paulo Gustavo Branco apresentam oito princípios para guiar a interpretação do texto constitucional: (a) unidade da Constituição; (b) concordância prática/harmonização; (c) correção funcional; (d) eficácia integradora; (e) força normativa da Constituição; (f) máxima efetividade; (h) interpretação conforme a Constituição e (i) proporcionalidade/razoabilidade.[26] Tendo em vista a aplicabilidade desses comandos para todas as áreas do Direito, merecem rápida rememoração.

Pelo princípio da unidade da Constituição, adverte-se o exegeta que qualquer disposição constitucional deve ser interpretada consoante o panorama constitucional. Ou seja, sem a noção do todo, nenhuma parte pode ser adequadamente compreendida, uma vez que as normas constitucionais constituem um sistema, em que cada disposição possui uma função importante para permitir o funcionamento da engenharia constitucional.

A regra da concordância prática, de seu turno, recomenda que, na hipótese de conflito entre normas constitucionais, seja encontrada uma solução que otimize ambos os direitos, de forma que a consagração de um não represente a ruína do outro. A solução adotada deve ponderar as perspectivas de ambas as normas, encontrando – na medida do possível – um denominador que permita a convivência.

Pela correção funcional, alerta-se o intérprete para o necessário prestígio da repartição de competências constitucionais, de sorte que as soluções propostas para o desate dos debates constitucionais não prejudiquem a sadia e harmônica organização dos Poderes.

---

[26] *Curso de Direito Constitucional*, p. 110-121.

A eficácia integradora, enquanto princípio, é justifica-da pelo ideal constitucional de integração social e unida-de política, de forma que a resolução dos problemas deve considerar os resultados que contribuam para esses dois fins constitucionais. Já a força normativa da Constituição relembra a necessidade de todas as normas constitucionais conservarem sua vigência, evitando que elas se tornem le-tras mortas, o que importaria em descrédito do sistema. Complementando essa idéia, surge o princípio da máxima efetividade, para instar o intérprete a maximizar a eficácia de todas as normas constitucionais.

A interpretação conforme a Constituição recomenda "que os aplicadores da Constituição, em face de normas infraconstitucionais de múltiplos significados, escolham o sentido que as torne constitucionais e não aquele que resul-te na sua declaração de inconstitucionalidade". Essa atua-ção, "ao mesmo tempo que valoriza o trabalho legislativo, aproveitando ou conservando as leis, previne o surgimen-to de conflitos, que se tornariam crescentemente perigosos caso os juízes, sem o devido cuidado, se pusessem a invali-dar os atos da legislatura".[27]

Concluindo os princípios que colaboram para a res-ponsável interpretação constitucional, surge a proporcio-nalidade para aferir a constitucionalidade das restrições de direitos, evitando que a resposta estatal seja abusiva, desvinculada da missão constitucional. Pelo juízo da pro-porcionalidade, ingressa no processo a prudência do jul-gador e bem assim tantos conceitos de teoria do direito, no momento em que trabalha os conceitos de justiça.

Como se observa, a aplicação das normas constitucio-nais não ocorre de maneira aleatória. Antes, depende da preparação de todos os intérpretes, pela atenção à dogmá-tica constitucional, além obviamente do permanente dese-jo de realizar a Constituição.

---

[27] Op. cit., p. 119.

2. O impacto do constitucionalismo no direito processual

A constatação de que a Constituição Federal possui um "conteúdo processual" e de que as normas constitucionais possuem sempre alguma eficácia revolucionou a ciência processual brasileira. Muito embora a Constituição Federal de 1891 já incentivasse a aplicação de seu texto em diversos ramos da ciência jurídica, em razão de contingências históricas e da própria formação dos juristas de então, não se observou na prática uma influência decisiva. E tampouco houve alteração desse panorama ao longo da vigência das diversas constituições que a seguiram no século XX. Somente com a doutrina constitucional pós 1988 e com a receptividade do Poder Judiciário aos anseios constitucionais é que se pode observar uma mudança de paradigma.[28]

Na seara do direito processual, a partir de valiosos estudos desenvolvidos por autores, tais como José Carlos Barbosa Moreira, Cândido Rangel Dinamarco e Carlos Alberto Alvaro de Oliveira, a Constituição passa a ser levada a sério e recepcionada dentro da academia do processo civil. A tradicional mentalidade do processualista – acostumado a pensar o processo como uma ciência autônoma e completamente desvinculada do direito material – foi co-

---

[28] Por diversas outras razões, Ana Paula de Barcellos e Luís Roberto Barroso consideram que "a Constituição de 1988 foi o marco zero de um recomeço, da perspectiva de uma nova história. Sem as velhas utopias, sem certezas ambiciosas, com o caminho a ser feito ao andar. Mas com uma carga de esperança e um lastro de legitimidade sem precedentes, desde que tudo começou. E uma novidade. Tardiamente, o povo ingressou na trajetória política brasileira, como protagonista do processo, ao lado da velha aristocracia e da burguesia emergente". *O começo da história. A nova interpretação constitucional e o papel dos princípios no direito brasileiro*, p. 329.

locada em xeque pela expectativa constitucional.[29] E, como decorrência, ocorre gradativamente uma revisitação de temas até então considerados exauridos, em face da releitura das normas de processo à luz do texto constitucional e especialmente pela afirmação do constitucionalismo brasileiro e da eficácia dos direitos fundamentais.

Tal qual no direito privado, como apontado por Pietro Perlingieri, decorre uma "conseqüência inevitável": o processo civil passa a ser analisado sob o enfoque de sua "legalidade constitucional". Os "pressupostos teóricos" desenvolvidos pelo ilustre autor italiano merecem aplicação no ramo processual: (a) "é preciso reconhecer não só o valor normativo dos princípios e das normas constitucionais, mas também a supremacia deles"[30] (pois as normas constitucionais, "além de indicar os fundamentos e as justificações de normatividade de valor interdisciplinar tanto das instituições jurídicas quanto dos institutos jurídicos, apontam parâmetros de avaliação dos atos, das atividades e dos comportamentos, como princípios de relevância normativa nas relações intersubjetivas");[31] (b) a complexidade, a unitariedade do ordenamento e o pluralismo de fontes ("a fragmentação do saber jurídico, a traiçoeira e excessiva divisão do direito em ramos e em especializações, inevitavelmente fariam do jurista, fechado em seu microssistema, um especialista competente, dotado mesmo de refinados instrumentos técnicos-setoriais, mas acrítico e insensível ao projeto abrangente da sociedade");[32] (c) a renovada teoria

---

[29] Bem observa Daniel Mitidiero: "chega-se ao formalismo-valorativo. Aqui, o processo civil vai dominado pelos valores constitucionais e pela ciência de que é um instrumento ético. A relação entre o direito e o processo civil deixa de ter como único ponto de encontro o instituto da ação e passa a dominar o processo em toda a sua extensão, vale dizer: todo o processo reage ao direito material, como bem observou Elio Fazzalari". *Elementos para uma teoria contemporânea do processo civil brasileiro*, p. 70.

[30] *A doutrina do direito civil na legalidade constitucional*, p. 1.

[31] Ibidem, p. 2.

[32] Ibidem, p. 2.

da interpretação com fins aplicativos ("uma interpretação das disposições normativas no que se refere à hierarquia das fontes e dos valores, em uma acepção necessariamente sistemática e axiológica").[33]

Um dos efeitos lógicos da ligação entre Constituição e processo é a paulatina atuação do Supremo Tribunal Federal em temas que outrora não seriam dirimidos sob uma abordagem constitucional. Apenas por ilustração, na seara criminal, a Corte vem entendendo que a presunção constitucional de não-culpabilidade (art. 5º, LVII) autoriza o réu que responde ao processo em liberdade aguardar o julgamento de seu recurso antes de ser recolhido,[34] inclusive vedando a execução provisória da pena privativa de liberdade, quando houver a interposição e recebimento de recurso especial e/ou recurso extraordinário.[35] No âmbito do processo civil, também a título de exemplificação, firmou-se a jurisprudência no sentido de que as taxas judiciárias, quando abusivas, ofendem a garantia constitucional de acesso à jurisdição (súmula nº 667), tal como o depósito prévio para a interposição de recurso administrativo.[36]

Situações semelhantes poderiam ser colhidas no terreno trabalhista, militar ou eleitoral, pois a eficácia das normas constitucionais não se restringe a uma ou outra especialização jurídica. Ou seja, todas as normas e as interpretações da legislação processual devem respeito aos princípios e aos valores recepcionados pela Constituição Federal.

De outra banda, igualmente nítida é a revolução operada na academia. As tradicionais disciplinas dos cursos de graduação (direito constitucional, teoria geral do processo, civil, penal, trabalhista, etc.) procuram romper o tradicio-

---

[33] Op. cit., p. 3.
[34] HC 90.753/RJ, Rel. Min. Celso de Mello, j. 05.06.2007.
[35] RHC 89.550/SP, Rel. Min. Eros Grau, DJ 27.04.2007.
[36] RE 388.359, 389.383 e 390.513.

nal isolamento. O enfoque a ser dado é o da complementariedade, conjugando as promessas do direito material com a potencialidade dos remédios.

Esses dois fenômenos foram acentuados a partir da Constituição de 1988 e tendem a se intensificar ainda mais com a maturação do texto constitucional no seio da sociedade.

3. O desafio de harmonizar as garantias constitucional-processuais

Estabelecida a premissa da eficácia constitucional no direito processual, cumpre indagar sobre a melhor forma de otimizar a aplicação dos direitos. Isto porque uma interpretação unilateral, que ignore a complexidade ínsita do fenômeno jurídico, pode levar ao duvidoso reconhecimento de um direito em detrimento de outros tantos. Acerta Gustavo Zagrebelsky, ao considerar a dogmática constitucional como "líquida", na qual os conceitos mantêm a sua individualidade, porém coexistem, sem pretensão de incidência destrutiva, mas dentro de certos limites de oscilação que permitam a sobrevivência do conjunto.[37]

Sob a ótica constitucional, o desafio lançado é o da harmonização sistemática (e não o da mecanização).[38] A interpretação das normas objetiva, portanto, conciliar os direitos, à luz dos valores constitucionais, e jamais tiranizar princípios ("non la prevalenza di un solo valore e di un solo principio, ma la salvaguardia di tanti, contemporaneamente").[39] Sem a ótica globalizada do fenômeno (que

---

[37] *Diritto Mitte.* Torino: Einauldi, 1992, p. 14-15.

[38] A norma constitucional é por sua natureza maleável para permitir a apreensão justa do fato e não para oportunizar a aplicação aleatória do direito, exclusivamente pela vontade do juiz.

[39] Gustavo Zagrebelsky, Op. cit., p. 14.

Lições de Direitos Fundamentais no Processo Civil

é sempre complexo, pela suposta incidência de diversos direitos e pretensões), o magistrado corre o sério risco de aplicar o direito de maneira maniqueísta, ocasionando a felicidade de um cidadão e a ruína de outro.[40]

Um dos limites claramente definidos pela doutrina e pelas modernas Cartas Constitucionais encontra-se na proteção do núcleo essencial. A intervenção estatal, no exercício de direitos e liberdades, deve ser criteriosamente justificada à luz do interesse público e sempre precedida de um juízo de proporcionalidade, entre os direitos colidentes.[41] As pessoas vivem em sociedade, de sorte que a convivência sadia e o seu relacionamento deve ser sempre estimulado pelo Direito.[42] Daí decorre a necessária ponderação judicial, a partir dos ângulos diversos dos cidadãos envolvidos.

---

[40] O alerta de Paulo Bonavides merece ser lembrado: "princípios que compõem um sistema jurídico-democrático, tais como a liberdade e a igualdade, têm que ser postos conjuntamente, em relação dialética com a realidade, num debate de compromisso, em busca da solução mais adequada, evitando-se construções unilaterais ou unidimensionais, que importem o sacrifício de um princípio em proveito de outro: por exemplo: a igualdade sufocando a liberdade, ou a liberdade reprimindo a igualdade". *Curso de Direito Constitucional*, p. 132.

[41] Reza o art. 112.1 da "Constituição Européia" : "qualquer limitação do exercício de direitos e liberdades reconhecidos na presente Carta deverá ser estabelecida pela lei e respeitar o conteúdo essencial de ditos direitos e liberdades. Dentro do respeito ao princípio da proporcionalidade, apenas poderão ser introduzidas limitações quando sejam necessárias e atendam objetivamente a escopos de interesse geral reconhecidos pela União Européia ou a necessidade de proteção dos direitos e liberdades dos demais".

[42] Dalmo de Abreu Dallari lembra que "os próprios direitos individuais só tem sentido prático no relacionamento de uns indivíduos com os outros, o que exige, logicamente, o reconhecimento de que os direitos de qualquer pessoa são sempre condicionados pela circunstância da convivência. Os direitos de cada um não terminam onde começam os dos outros, pois todos estão inevitavelmente entrelaçados e só existem e podem ser exercidos num meio social". *O Poder dos juízes*, p. 97.

A Constituição Federal, ao contrário de algumas Constituições Estaduais,[43] não menciona explicitamente o princípio da proporcionalidade. Contudo, ele se apresenta como um cânone inafastável do Estado de Direito, ao evitar que o poder, ao invés de ser exercido equitativamente em prol da cidadania, seja imposto despropositadamente. Acerta Luiz Roberto Barroso ao concluir que o "princípio da proporcionalidade é, por conseguinte, direito positivo em nosso ordenamento constitucional, embora não haja sido ainda formulado como 'norma jurídica global', flui do espírito que anima, em toda sua extensão e profundidade, o parágrafo segundo do art. 5°, o qual abrange a parte não escrita ou não expressa dos direitos e garantias da Constituição, a saber, aqueles direitos e garantias cujo fundamento decorre da natureza do regime, da essência impostergável do Estado de Direito e dos princípios que este consagra e que fazem inviolável a unidade da Constituição. Poder-se-á, enfim, dizer, a esta altura, que o princípio da proporcionalidade é hoje axioma do Direito Constitucional, corolário da constitucionalidade e cânone do Estado de Direito, bem como regra que tolhe toda a ação ilimitada do poder do Estado do quadro de juridicidade de cada sistema legítimo de autoridade. A ele não poderia ficar estranho, pois, o direito constitucional brasileiro. Sendo, como é, princípio que embarga o próprio alargamento dos limites do Estado ao legislar sobre matéria que abrange direta ou indiretamente o exercício da liberdade e dos direitos fundamentais, mister se faz proclamar a força cogente de sua normatividade".

---

[43] Por exemplo, a *Constituição do Estado do Rio Grande do Sul*, entretanto, o prevê expressamente, no comando contido no art. 19: "a administração pública direta e indireta de qualquer dos Poderes do Estado e dos municípios, visando à promoção do bem público e à prestação de serviços à comunidade e aos indivíduos que a compõe, observará os princípios da legalidade, da moralidade, da impessoalidade, da publicidade, da legitimidade, da participação, da razoabilidade, da economicidade, da motivação e o seguinte".

A proporcionalidade, enquanto princípio, foi desenvolvida pelas Cortes Constitucionais da Alemanha e da Suíça.[44] Paulatinamente, consagrou-se no direito ocidental na segunda metade do século XX, como uma máxima que vincula aqueles que exercem o poder, bem como aqueles que ao poder se submetem. Em seu senso restrito, a norma impõe ao Estado a elaboração de meios adequados para alcance dos fins públicos.

Segundo lição da doutrina, entendido a partir da necessidade de se controlar o excesso praticado pelos agentes estatais ("übermasskontrolle"), compõe-se o princípio da razoabilidade de três "elementos parciais": pertinência, necessidade e proporcionalidade *stricto senso*. Com o conceito de pertinência (*geeignetheit*), entende-se o meio escolhido para alcançar o "fim público". A necessidade (*erforderlichkeit*), de seu turno, vem compreendida pela conveniência de se evitar o excesso, dosando-se cautelosamente o meio empregado. Por fim, surge a proporcionalidade em sentido estrito, reclamando a atenção para todos os interesses envolvidos no plano concreto da ação estatal.[45] Em preciosa metáfora, que bem traduz o ideal da razoabilidade, Georg Jellinek adverte a inconveniência de se abaterem pardais, disparando canhões.[46]

A idéia de se analisar o agir do Estado, dentro de um contexto de razoabilidade, em verdade, traduz um movimento histórico, visualizado com maior nitidez após o fim

---

[44] Sua origem legislativa é discutida. Há autores que encontram a Constituição da então República Tcheca-Eslovaca. Também a "Déclaration des Droits de l'Homme et du Citoyen du 26 août 1789" apresenta disposições semelhantes ao impedir o uso despropositado de medidas restritivas de direitos: art. 8: "La loi ne doit établir que des peines strictement et évidement nécessaires, et nul ne peut être puni qu'en vertu d'une loi établie et promulguée antérieurement au délit, et légalement appliquées".

[45] V.g. Paulo Bonavides, p. 397 e ss. *Curso de Direito Constitucional*. 14. Ed. São Paulo: Malheiros, 2004.

[46] Cf. Bonavides, Op. cit., p. 402.

da segunda grande guerra, em prol da definitiva afirmação dos direitos fundamentais. Trata-se da ultrapassagem do ideal estrito de legalidade e da consagração do princípio de constitucionalidade. Este fenômeno é explicado pelo professor Paulo Bonavides, pela constatação de que "só a Constituição liberta; unicamente ela devolve à cidadania, a crença e a confiança na legitimidade do poder e das leis (...) Chegamos, por conseguinte, ao advento de um novo Estado de Direito, à plenitude da constitucionalidade material. Sem o princípio da proporcionalidade aquela constitucionalidade ficaria privada do instrumento mais poderoso de garantia dos direitos fundamentais contra possíveis e eventuais excessos perpetrados com o preenchimento do espaço aberto da Constituição ao legislador para atuar formulativamente no domínio das reservas de lei".[47]

A fim de facilitar a aferição da violação à máxima de proporcionalidade nas leis em concreto, a jurisprudência tedesca compilou uma série de perguntas para regular o trabalho do intérprete. São elas: 1) o meio utilizado foi excessivo (übermässig); 2) o meio utilizado era adequado aos fins pretendidos (angemessen); 3) o meio traduz o ideal de racionalidade (vernünftig); 4) o meio legal é materialmente justo e legítimo (sachgerechtigkeit und bertretbar); 5) o meio era necessário (erforderlich) ou imprescindível (umbedingt notwendig). Ato contínuo, a jurisprudência e a doutrina oferecem critérios para pautar a resposta, tais como: a vedação ao arbítrio (Willküverbot), a avaliação dos bens (güterabwägung) e dos interesses (interessenabwägung) em jogo e, por fim, a justiça da solução (gerechtigkeitgrundsatz).[48]

Na jurisprudência do Supremo Tribunal Federal, o princípio da proporcionalidade vem servindo como importante "coeficiente de aferição da razoabilidade dos atos

---

[47] Bonavides, op. cit., p. 424-5.
[48] Ibidem, p. 404.

estatais",[49] para vedar os excessos normativos e as prescrições irrazoáveis do Poder Público.[50] No âmbito processual, ele pode auxiliar a definição de inúmeros conflitos verificados no foro, como a concessão de liminares *inaudita altera pars* e a permissibilidade de uma prova ilícita.

Dentro desse contexto, percebe-se que, naquelas causas mais complexas, em que ambos os litigantes possuem direitos fundamentais processuais dignos de tutela, o princípio da proporcionalidade e a exigência de motivação representam duas garantias para o cidadão. O primeiro, por representar uma técnica harmonizadora dos direitos, a ser utilizado quando eles se encontram em rota de colisão. A segunda decorre de comando expresso da Constituição (art. 93, IX), da essência de Estado Democrático de Direito, viabilizando o controle dos próprios atos estatais e de seus eventuais equívocos.

4. As garantias constitucional-processuais como direito formativo

A Constituição Federal de 1988 consagrou aos cidadãos, no plano jurisdicional, direitos fundamentais. Os princípios que, ao longo do século XX, foram identificados pela doutrina, reconhecidos paulatinamente pelas Constituições sucessivamente promulgadas e aplicados pelas Cortes, hoje se encontram incorporados ao ordenamento constitucional. São comandos tradicionalmente denominadas de garantias constitucional-processuais, ou seja, princípios inseridos na Carta Magna que amparam o jurisdicionado.

---

[49] ADI 1922. Rel. Min. Moreira Alves.
[50] ADIMC nº 1407, j. 07.03.1996, DJ: 24.11.2000, p. 86.

Efetivamente, o fenômeno da Constitucionalização do Direito atingiu o ramo processual. A evolução do constitucionalismo, para além da estruturação do Poder e pela incorporação dos direitos fundamentais, alterou o paradigma histórico do direito processual. A aplicação de todas as normas do Código de Processo Civil está vinculada pela valoração de sua constitucionalidade. É a Constituição que harmoniza as expectativas do jurisdicionado e a atuação do magistrado em cada relação processual.

Bem examinada a Carta Magna, que é uma das fontes mais importantes no rico sistema jurídico contemporâneo, observam-se certos princípios que guiam o início, o desenvolvimento e o termo de cada relação processual. Toda e qualquer demanda sujeita-se ao juízo de adequação constitucional. Por isso, quando ferido algum princípio nela contemplado, assim como nas demais áreas do direito, observa-se o vício superlativo da inconstitucionalidade.

Muito embora a doutrina constitucional, formada especialmente ao longo do século XX, tenha se encarregado de criticar o modelo positivista-legalista desenvolvimento no século anterior, não houve um abandono das leis infra-constitucionais, mas sim uma revalorização de seu papel dentro do ordenamento. Como bem coloca Norberto Bobbio, ainda existem normas superiores e inferiores e a idéia de sistema passa necessariamente pela coerência/unidade: "há normas superiores e normas inferiores. As inferiores dependem das superiores. Subindo das normas inferiores àquelas que se encontram mais acima, chega-se a uma norma suprema, que não depende de nenhuma outra norma superior, e sobre a qual repousa a unidade do ordenamento. Essa norma suprema é a norma fundamental. Cada ordenamento tem uma norma fundamental. É essa norma fundamental que dá unidade a todas as outras normas, isto é, faz das normas espalhadas e de várias proveniências um conjunto unitário que pode ser chamado 'ordenamento'. A norma fundamental é o termo unificador das normas que

Lições de Direitos Fundamentais no Processo Civil

compõem um ordenamento jurídico. Sem uma norma fundamental, as normas de que falamos até agora constituiriam um amontoado, não um ordenamento".[51]

Nessa medida, a Constituição da República é, no Brasil, o texto pacificador dos conflitos (sociais e legislativos). Naquilo que interessa ao presente estudo, a conjugação dos direitos fundamentais aplicáveis ao processo permite que o operador, mediante trabalho responsável, alcance resultado adequado às exigências do autor, do réu e da sociedade. A ordem jurídica fundamental unificadora assegurou às partes determinados direitos a serem exercidos no curso do processo judicial ou em razão dele, tais como: a publicidade dos atos processuais (5°, LIII e 93, IX), a isonomia no trato das partes (5°, *caput*), o devido processo legal (5°, LIV), a motivação das decisões judiciais (93, IX), o contraditório judicial (5°, LV e LIV), a inafastabilidade de lesão ou ameaça de direito da apreciação do Poder Judiciário (5°, XXXV), a proibição da obtenção de prova por meio ilícito (5°, LVI), a segurança decorrente da coisa julgada (5°, XXXVI), a atuação do juiz e do promotor natural (5°, LIII) e a duração do processo por tempo razoável (5°, LXXVIII), além de outros princípios que, embora não expressos, podem ser deduzidos do sistema constitucional.

Esses direitos fundamentais de índole processual foram paulatinamente incorporados nos ordenamentos internos e nos tratados internacionais. Representam comandos inerentes ao processo contemporâneo, que não ficou imune à globalização e ao diálogo entre os profissionais.[52] A obediência a tais comandos, em última análise, visa precipuamente garantir um processo democrático, livre do arbítrio e capaz de alcançar os fins colimados pelo Estado de direi-

---

[51] Bobbio, Norberto. *Teoria do Ordenamento Jurídico*. 6. ed. Brasília: Ed. UnB, 1982, p.49.

[52] Nesse sentido, consultar, com proveito, Mauro Cappelletti e Denis Tallon. *Fundamental Guarantees of the Parties in Civil Litigation*. Giuffre, 1973.

to e pela sociedade, via jurisdição. Não por acaso passaram a ser valorizados, após as tristes guerras e a queda dos regimes totalitários. Contudo, a realização de cada princípio, mesmo na democracia, é uma árdua tarefa, a ser cumprida diariamente em cada relação processual. Em última análise, tais princípios visam realizar a justiça, permitindo que o processo cumpra as aspirações do direito material.[53]

Portanto, na medida em que se asseguram às partes, no conflito jurisdicional, um conjunto de garantias, vislumbra-se a idéia de que o conceito de cidadania plasmado na Carta Magna estende-se, evidentemente, também para o momento do litígio. Daí a idéia de cidadania processual, pelo exercício de direitos fundamentais efetivados durante o processo judicial. Endoprocessuais, portanto. Vale dizer, como já afirmado alhures: o Brasil, embora socialmente injusto, é um país que possui uma ordem jurídica absolutamente civilizada e compatível com seu tempo, pois garante ao cidadão o exercício de direitos constitucional-processuais que são da essência do Estado Democrático de Direito.

Assim, oportuno se elucide *o que* objetivamente significa cada qual das garantias oferecidas, pois, somente com a consciência do que estas representam será possível equilibrar a equação garantismo/instrumentalidade, na missão de realizar a Justiça.

---

[53] Sobre a ausência de adequação processual, já se observou que: "de certo modo para este estado de coisas contribuíram os processualistas que – quiçá em face da incompreensão das idéias de Oscar Von Bülow e cegos pela força do amor à causa da afirmação do processo como ciência autônoma – passaram a destacar o processo como ciência absolutamente independentemente e, em decorrência, ainda que involuntariamente, ensejaram a idéia de que este se desvinculara completamente direito material, divorciado da compreensão fundamental de instrumentalidade que deve, sempre (!) responder presente". Sérgio Gilberto Porto. *A crise de eficiência do processo* – a necessária adequação processual à natureza do direito posto em causa, como pressuposto de efetividade, p. 182.

Lições de Direitos Fundamentais no Processo Civil

Capítulo 2 – **Acesso à Justiça**
(5º, XXXV, CF)

1. A revalorização do acesso à Justiça

A temática do acesso à justiça foi a grande herança deixada pela ciência processual do século XX. Após a afirmação do direito processual, enquanto ramo autônomo, por mérito dos debates havidos na academia européia, no século XIX, os juristas ocuparam-se do desafio da aproximação da sociedade civil à Justiça. Os avanços trazidos pela dogmática, agora precisariam ser aplicados no foro, como meio de proporcionar a realização dos direitos. O acesso à justiça, dentro dessa perspectiva, foi tido como a proposta básica de uma sociedade democrática.[54]

Esta evolução foi sentida com maior nitidez nos sistemas que, almejando maior efetividade das normas constitucionais, passaram a reconhecer direitos fundamentais acionáveis independentemente de ulteriores intervenções legislativas. No Brasil, especialmente a partir da Constituição de 1988, pelo protagonismo de milhares de cidadãos,

---

[54] Na história brasileira, registraram-se, infelizmente, inúmeras ofensas ao acesso à justiça. No passado recente, o art. 11 do Ato Institucional nº 5/68 é emblemático: "excluem-se da apreciação judicial todos os atos praticados de acordo com este AI".

pela soma de esforços de voluntários, promotores, advogados, juízes, professores, defensores, políticos, servidores, estagiários e demais pessoas que lidam com o Direito, é que o acesso foi paulatinamente ampliado e democratizado para as camadas menos favorecidas. Lembre-se que, para a doutrina contemporânea, um pressuposto para a defesa dos direitos é o próprio conhecimento dos direitos, afinal somente as pessoas que têm consciência dos seus direitos conseguem usufruir seus benefícios e sabem avaliar as desvantagens que sofrem quando não os podem efetivar ou quando eles são violados ou restringidos.[55]

A constatação de que é da essência da cidadania a garantia de que a todos será assegurado o mais amplo acesso à Justiça foi incorporada ao longo do século XX. A mera proclamação de acesso democrático, conquanto importante, não basta, por si só, para garantir o êxito no projeto, que depende fundamentalmente da mentalidade dos operadores envolvidos e do permanente ânimo de realizar o direito. A partir dessa perspectiva, a norma constitucional que assegura a apreciação de lesão ou de ameaça a direito (art. 5º, XXXV) é a base do direito processual brasileiro, merecendo aplicação imediata e consideração em toda e qualquer discussão judicial.

O século XX foi rico em iniciativas para ampliar o acesso. A partir da idéia de que compete ao Direito, com base nesse primado, facilitar ao cidadão as formas de acesso à solução de seus conflitos, foram paulatinamente incorporados à ordem jurídica nacional figuras como o mandado de segurança, a ação civil pública, a ação coletiva, o *habeas data*, a injunção, a ação direta de inconstitucionalidade e tantos outros remédios que se somaram aos já presentes no século anterior, como o próprio *habeas corpus*, já garantido

---

[55] Jorge Miranda. *A tutela jurisdicional dos direitos fundamentais em Portugal*, p. 285.

pela Constituição da Primeira República, embora desfigurado pela Revisão de 3 de setembro de 1926.[56]

Além das ações constitucionais, que tutelam a dignidade da pessoa humana, o direito brasileiro idealizou um sistema processual que conjuga o apoio oficial (pela atuação do Ministério Público e da Defensoria Pública, etc.) com a intensa participação da sociedade civil (Organizações não Governamentais, Ordem dos Advogados, etc.), de sorte que a tutela dos direitos vem sendo ampliada. Embora não exista ainda no Brasil um "Código" para a tutela dos direitos coletivos, é certo que, pela conjugação de normas específicas e pela atuação responsável da jurisprudência, é possível admitir a existência de um verdadeiro sistema de processo coletivo. Na ordem infraconstitucional, em especial, a Lei da Ação Civil Pública, a Lei da Improbidade Administrativa, a Lei da Ação Popular e o Código do Consumidor contêm disposições que permitem a apreciação da vasta maioria dos direitos difusos, coletivos e individuais homogêneos com projeção social.

De outra banda, mesmo nas ações individuais, a Constituição Federal de 1988, espelho fiel de seu momento histórico, contém comandos aptos a instrumentalizar a tutela jurisdicional, tais como no inciso LXXIV, do artigo 5º, o direito à assistência jurídica integral e gratuita e, no inciso LXXVII do mesmo dispositivo, a gratuidade aos atos

---

[56] Com a "Emenda Constitucional" , "o *habeas corpus* foi restringido à proteção do direito de ir e vir, vir e permanecer, sem que se introduzisse outro remédio rápido e eficaz para defesa de outros direitos individuais". *A Constituição de 1891*, p. 63. É por essas e outras que, como prossegue Aliomar Baleeiro, sobre a realidade constitucional brasileira de 1920, "ninguém mais tinha ilusões sobre a República ou sobre o cumprimento da Constituição, fraudada nas eleições, no Congresso e até na corrupção da imprensa por meio dos dinheiros públicos desde os tempos, aliás austeros, de Campos Sales, como Rui denunciou na Conferência ´A imprensa e o dever da verdade'". *A Constituição de 1891*, p. 57.

necessários ao exercício da cidadania, tais como o *habeas corpus* e o *habeas data*.

Sobre o problema das custas judiciais e de sua intrínseca relação com o acesso à justiça, o sistema constitucional considera lícita a determinação que a parte arque com os custos da máquina judiciária, desde que esse pagamento não seja empecilho para a demanda ou mesmo prive o jurisdicionado dos meios necessários para uma vida digna. Esse é o espírito constitucional da Lei 1.060/50, cuja atualidade na realidade forense é inquestionável.

A partir da clareza do propósito constitucional, a jurisprudência vem contornando a rigidez de exigências legais, para garantir o acesso universal ao direito. É exemplo a dispensa do depósito prévio para o manejo da ação rescisória,[57] da segurança do juízo para a defesa na fase de execução[58] e do depósito da multa para a interposição de recurso administrativo.[59] Entretanto, outros temas permanecem aguardando solução adequada, como o debate quanto à legitimidade do Ministério Público para direitos individuais, tais como a legalidade da cobrança de pequenas taxas para assegurar isto ou aquilo nos cartões de crédito, os débitos nas contas correntes bancárias e outros procedimentos assemelhados que, se examinados sob a ótica individual, são de ínfima repercussão, contudo – se somados – representam violação de grande dimensão.[60]

---

[57] REsp 797.617/SP, Rel. Min. Teori Zavascki.

[58] EREsp 80.723/PR, Rel. Min. Milton Luiz Pereira. DJ: 17/06/2002.

[59] STF, RE 388.359/PR.

[60] Na hipótese dos micro-direitos, induvidosamente as relações jurídicas de direito material se assentam em atos individuais, eis que a adesão a cartões de crédito ou contrato de conta corrente bancária tem suporte em contratos nitidamente individuais que podem ser individualmente discutidos sem provocar repercussão jurídica nas demais relações assemelhadas, por isto sugerem a presença de um direito nitidamente individual a regular as relações que, quiçá, não se enquadrem na categoria de direitos individuais homogêneos, eis que não tem origem comum, mas sim em diversos atos jurídicos idênticos ou assemelhados. Contu-

Na medida em que esses e outros "gargalos" do acesso à justiça são identificados, compete aos operadores propor soluções para resgatar o espírito constitucional, através da harmonização do ideal de acesso à justiça com eventuais contingências pela incidência de outros princípios.

Outro componente que não deve ser menosprezado no direito processual brasileiro diz respeito ao formalismo. Conquanto necessário para instrumentalizar a aplicação democrática do direito, suas exigências devem ser harmonizadas com o ideal do acesso à justiça, sendo elogiada a atuação judicial para saneamento do processo e outros meios que possibilitem a correção dos vícios dessa ordem. O fundamental, nesta sede, é que a "determinação legal da via judiciária adequada não se traduza, na prática, num jogo formal sistematicamente reconduzível à existência de formalidades e pressupostos processuais cuja 'desatenção' pelos particulares implica a 'perda automática das causas'".[61]

De toda sorte, se a temática do acesso à justiça hoje se encontra na agenda do dia, grande parte do mérito deve ser computado ao trabalho desenvolvido por Mauro Cappelletti nas Universidades de Florença (Itália) e Stanford (Estados Unidos). O autor peninsular, por compreender a ciência processual para além da análise dos conceitos internos do processo e postular maior responsabilidade social

---

do, em face de sua ínfima repercussão individual, dificilmente ensejariam ações isoladas, na medida em que o custo do processo pode ser mais gravoso do que suportar o próprio abuso. Soa razoável, portanto, que o Estado reconheça legitimidade a uma de suas instituições para, em nome da sociedade, enfrentar as referidas violações e/ou ameaças a direitos que, embora de diminuta repercussão individual, se somados, são de enorme projeção social. Cabe a pergunta: no momento em que se deixa de reconhecer legitimidade a uma das instituições permanentes do Estado para o patrocínio de tais direitos em juízo, não se estará violando a garantia do acesso à justiça que o próprio Estado assegura à sociedade?

[61] José Joaquim Gomes Canotilho. *Direito Constitucional e Teoria da Constituição*, p. 486.

do jurista, gravou seu nome da história. O legado de sua obra merece ser rememorado.

2. A genialidade de Mauro Cappelletti e a temática do acesso à justiça

Dentre as diversas obras publicadas em vida por Mauro Cappelletti, destaca-se aquela dedicada ao Acesso à Justiça, traduzida ao português pela pena da Ministra Ellen Gracie Northfleet.[62] O objetivo central do estudo comparativo foi identificar pontos de estrangulamento dos sistemas judiciários e soluções testadas nas diversas partes do globo. Não por acaso, no original inglês, constava subtítulo: "The worldwide movement to make rights effective". A obra é dividida em cinco tópicos, desenvolvidos em capítulos autônomos.

Inicialmente, vem trabalhada a evolução do conceito teórico de acesso à justiça. Observa o autor que, nos estados liberais burgueses, dos séculos XVIII e XIX, os procedimentos refletiam a filosofia essencialmente individualista de direitos, de sorte que "o direito ao acesso à proteção judicial significava essencialmente o direito formal do indivíduo agravado de propor ou contestar uma ação", reservando-se ao Estado uma posição passiva.[63] Todavia, com a compreensão de que a atuação positiva do Estado seria necessária para assegurar o gozo dos direitos sociais e de que a titularidade de direitos perderia seu sentido, caso ausentes mecanismos para a sua efetiva reivindicação, o acesso à justiça passou a ser encarado como o "requisito fundamental – o mais básico dos direitos humanos – de um

---

[62] *Acesso à Justiça.* Porto Alegre: SAFE, 1988.
[63] Op. cit., p. 9.

Lições de Direitos Fundamentais no Processo Civil

sistema jurídico moderno e igualitário que pretende garantir, e não apenas proclamar os direitos de todos".[64]

No segundo capítulo, surge o significado de um direito ao acesso efetivo à justiça e os obstáculos a serem transpostos. Elenca o professor algumas situações que mereceriam atenção dos operadores: as custas judiciais (e a constatação paradoxal de que quanto mais caro o litígio, proporcionalmente, mais barato ele ficaria); as efetivas possibilidades das partes (e não a mera consideração formal dos cidadãos envolvidos); o tempo do litígio (que influenciaria indevidamente o processo sob múltiplos aspectos); a necessidade de Tribunais de Pequenas Causas; a dificuldade de tutela dos interesses difusos, etc.

Para enfrentar tais desafios, o autor propõe soluções práticas para os problemas de acesso à justiça. Os ordenamentos deveriam deixar-se influenciar por três "ondas" : assistência judiciária para os pobres, a representação dos interesses difusos e o acesso à representação em juízo a uma concepção mais ampla de acesso à justiça (" seu método não consiste em abandonar as técnicas das duas primeiras ondas da reforma, mas em tratá-las como apenas algumas de uma série de possibilidades para melhorar o acesso").[65]

As tendências no uso do enfoque do acesso à justiça são abordadas no penúltimo capítulo, no qual se analisam reformas dos procedimentos judiciais, formas alternativas para decidir causas, tribunais especiais para determinados grupos de causas, mudança nos métodos utilizados para a prestação dos serviços jurídicos e a necessidade de simplificação do direito, dentre outros aspectos.

Como advertência final, Mauro Cappelletti discute limitações e riscos do enfoque de acesso à justiça, concluindo seu texto com a "finalidade não é fazer uma justiça

---

[64] Op. cit., p. 12.
[65] Op. cit., p. 68.

'mais pobre', mas torná-la acessível a todos inclusive aos pobres. E, se é verdade que a igualdade de todos perante a lei, igualdade efetiva – não apenas formal – é o ideal básico de nossa época, o enfoque de acesso à justiça só poderá conduzir a um produto jurídico de muito maior 'beleza' – ou melhor qualidade – do que aquele de que dispomos atualmente".[66]

As lições do saudoso professor Mauro Cappelletti induvidosamente conservam atualidade e servem de alerta para a missão dos juristas do século XXI.

3. O desafio perene

A realização do efetivo acesso à justiça, portanto, passa pelo trabalho conjunto de diversos cidadãos. Ao lado do Estado, também a sociedade civil deve estar atenta à difícil tarefa de conhecer o direito e informar a população, para que, em um segundo momento, esses mesmos direitos possam ser acionáveis judicialmente.[67] Todas as pessoas, mesmo as que não desenvolvem as atividades profissionais precípuas das carreiras jurídicas, são chamadas a conhecer e a analisar criticamente o Direito e os mecanismos instituídos para a sua aplicação.

Um exemplo desse engajamento é observado nas Faculdades de Direito, de todos os cantos do país, com o serviço gratuito de assistência jurídica, prestado por alunos, professores e funcionários. Esta prática decorre de uma

---

[66] Op. cit., p. 165.

[67] Mauro Cappelletti destaca a importância do trabalho do legislador, enquanto elaborador de leis de singela compreensão: "se a lei é mais compreensível, ela se torna mais acessível às pessoas comuns. No contexto do movimento de acesso à justiça, a simplificação também diz respeito à tentativa de tornar mais fácil que as pessoas satisfaçam as exigências para a utilização de determinado remédio jurídico". Op. cit., p. 156.

política saudável que prioriza a função social da academia e deve ser aplaudida. Outra experiência que merece reconhecimento é o trabalho de Organizações Não-Governamentais, que pautam sua atuação pela defesa de direitos reconhecidos e pela crítica ao sistema jurídico, aproximando a sociedade civil. Também o Poder Público, ampliando os espaços para debates das questões que interessam aos cidadãos, auxilia a realização da utopia constitucional.

Enfim, diversas iniciativas para aprimorar o acesso à justiça são observadas no cenário nacional. Em Pelotas, Comarca do Estado do Rio Grande do Sul, já é tradicional a realização de medidas inovadoras (como Casamentos Coletivos, Sessões de Conciliação, etc.). Na "Ação", realizada em 8 de dezembro de 2008, em comemoração ao Dia da Justiça, foi elaborada a "Carta de Pelotas por mais Acesso à Justiça", tendo sido assinada por diversos magistrados, que propuseram as seguintes medidas: "1 – REAFIRMAR a importância de uma maior aproximação do sistema de justiça com a população, adotando-se mecanismos que facilitem a comunicação das instituições com as pessoas, com a criação de mutirões de atendimento, de postos itinerantes, de ouvidorias e de serviços que levem informação precisa, humanizada e em linguagem acessível ao cidadão; 2 – DECLARAR que a ampliação do acesso à justiça compreende a informação da população sobre o conteúdo e a extensão de seus direitos, incumbindo a toda a sociedade e, em especial, às instituições que compõem o sistema de justiça, o desenvolvimento de políticas de informação à comunidade sobre cidadania, direitos humanos e acesso à justiça, mediante a formulação de guias, manuais e o desenvolvimento de oficinas, cursos, palestras. 3 – RATIFICAR a relevância dos serviços prestados pelos Juizados Especiais, instrumento de acesso direto, simplificado e ágil do cidadão ao sistema de justiça, destacando a importância da ampliação e do fortalecimento da estruturação desses serviços, assim como a pertinência de sua descentralização e itinerância".[68]

Enfim, o acesso à justiça não se encerra em uma ou outra medida, embora todas devam ser reconhecidas por seus méritos. A questão é mais ampla e demanda a atuação conjunta da sociedade civil e do Estado, para a elaboração de mecanismos de acesso sintonizados com a realidade. Em outras palavras, o desafio do acesso à justiça é permanente e somente será superado pelo compromisso e pela criatividade das pessoas na identificação das sempre renovadas formas de exclusão e nos meios de inserção.

4. A garantia da inafastabilidade como derivação do livre e efetivo acesso à Justiça

Uma das variantes do acesso é a garantia-dever da inafastabilidade de controle jurisdicional. Isto porque prevê a Carta Magna, em seu art. 5º, inciso XXXV, que "a lei não excluirá da apreciação do Poder Judiciário lesão ou ameaça a direito". A partir desta norma, decorrem importantes projeções, como o direito de ação. O comando constitucional representa a inviabilidade de serem criados obstáculos ao cidadão de buscar seu direito junto ao Poder Judiciário.

Posta a questão nestes termos, emerge, com clareza invulgar, que a Constituição franqueou, sem restrições, o direito de ação, sempre que houver lesão ou ameaça a direito, pois é exatamente através desse direito que o cidadão exige do Estado à prestação jurisdicional. Por decorrência,

---

[68] Firmaram o documento os senhores Ana Ilca Harter Saalfeld; Carlos Cini Marchionatti, Catarina Rita Krieger Martins, Clóvis Moacyr Mattana Ramos, Fabiana Fiori Hallal; Gabriela Irigon Pereira, Gerson Martins, Iris Helena Medeiros Nogueira, Marcelo Malizia Cabral; Maria Helena Ribeiro da Silveira, Sônia Araújo Pereira, Suzana Viegas Neves da Silva e Vanderlei Deolindo. Disponível em www.tj.rs.jus.br. Acesso em 01.01.2008.

Lições de Direitos Fundamentais no Processo Civil

para a satisfação de interesses individuais, coletivos ou difusos, está o Poder Judiciário disponibilizado ao exame das mais diversas questões.

Essa regra geral, contudo, não leva a conclusão de que o Estado possa e deva interferir no domínio de todos e quaisquer fatos da vida social, pois a Constituição Federal assegura à sociedade importantes espaços de autonomia. Tal como observa com propriedade José Maria Rosa Tesheiner "em seus extremos limites, a omnicompetência do Poder Judiciário se torna, às vezes, deletéria; outras vezes, apenas ridícula".[69]

O exemplo do controle judicial quanto ao mérito dos atos administrativos é emblemático. Por regra histórica, a atuação do Poder Judiciário, nessa seara, limita-se ao exame da constitucionalidade/legalidade dos atos e do seu conteúdo, não se mostrando conveniente revisá-los, sob o ponto de vista de sua oportunidade política ou conveniência.[70] Do contrário, estaria em risco o primado constitucional da independência e da harmonia dos Poderes Republicanos.

Outro tema bastante polêmico diz respeito à constitucionalidade de alguns dispositivos da Lei nº 9.307/96 (Juízo Arbitral), na medida em que esta, em última *ratio*, permite que os cidadãos afastem do Poder Judiciário o exame das questões que ordinariamente lhe são submetidas.[71] Efetivamente, o art. 31 da referida lei, como posto, é capaz de outorgar autoridade de coisa julgada à decisão proferi-

---

[69] Tesheiner, José Maria Rosa. *Elementos para uma teoria geral do processo.* São Paulo: Saraiva, 1993, p. 34.

[70] É sabido que a administração pública deve respeito aos direitos fundamentais e, nesse sentido, a concepção tradicional pela qual jamais o Judiciário deve interferir no mérito dos atos administrativos é inclusive colocada em xeque pela atual doutrina administrativista.

[71] Como é sabido, o Supremo Tribunal Federal tomou posição pela constitucionalidade, em polêmico julgamento proferido no AgRg na SE 5.206/Espanha, Rel. Min. Sepúlveda Pertence, j. 12.12.2001. DJ: 30.04.2004, p. 29.

da em juízo arbitral, haja vista que esta se constitui em título executivo, afastando a discussão da *causa debendi*. Ora, se decorre imodificabilidade da decisão proferida pelo juízo arbitral, evidentemente resulta afastado do controle do Poder Judiciário a matéria lá deliberada. Diante deste quadro, como sabido, houve sério debate em torno da constitucionalidade dessa previsão, tendo sido sufragado pelo Supremo Tribunal Federal a tese da constitucionalidade, pela valorização da autonomia privada.[72]

---

[72] Defendendo a constitucionalidade dos dispositivos, vide, por todos, Figueira Júnior, Joel Dias. *Manual da Arbitragem*. São Paulo: RT, 1997 e Teixeira, Sálvio de Figueiredo. A arbitragem no sistema jurídico brasileiro. In: *Revista dos Tribunais* n. 735, p. 39.

Capítulo 3 – **Contraditório (5º, LV, CF)**

1. O contraditório como método de trabalho

Pelo art. 5º, LV, a Constituição Federal consagra o princípio do contraditório. Reza a norma que "aos litigantes, em processo judicial ou administrativo, e aos acusados em geral são assegurados o contraditório e ampla defesa, com os meios e recursos a ele inerentes". O contraditório é o princípio cardeal do direito processual. No momento em que se aspira a consolidação de uma democracia participativa, o princípio do contraditório assume especial relevância dentro do ordenamento processual, pois é a partir dele que o cidadão encontra meios de participar do exercício do poder, legitimando a atuação do Estado.[73]

---

[73] Lapidar a lição de Cândido Rangel Dinamarco: "seja no processo civil, penal, trabalhista, seja no processo administrativo (notadamente no disciplinar), o que se vê é a presença dos sujeitos interessados a participar, a influir a autoridade pública na formação do seu convencimento, na escolha dos rumos a tomar. O contraditório é, portanto, inerente ao conceito de processo, entendendo-se como imposição do Estado democrático a participação de cada um na formação dos provimentos que de alguma forma virão a atingir a sua esfera de direitos (assim como no processo político hão de participar os cidadãos interessados nos destinos do Estado, assim no processo jurisdicional ou administrativo terão oportunidade de participação aqueles a quem interessam, caso por caso, os resultados da atividade pública que ali se desenrola". *Litisconsórcio,* p. 19. 7. ed. São Paulo: Malheiros, 2002.

Em um primeiro momento, o contraditório impõe a ciência bilateral dos atos do processo. Mas, obviamente, não se esgota nessa perspectiva. O contraditório vai além e exige que, antes de tomada a posição pelo juiz dentro do processo, as partes tenham tido efetiva possibilidade de influenciar a formação de seu convencimento. Nesse sentido, tendo como norte auxiliar a cognição do juízo, aproximando-o da realidade da causa, o contraditório permite que ambas as partes influenciem o convencimento judicial, através de intenso debate. Em linha de princípio, o magistrado somente poderá se pronunciar sobre temas que tenham sido previamente discutidos dentro do processo, pois a consideração de fatos ou de direito não analisados pelas partes ofende a perspectiva constitucional do contraditório.[74]

No Brasil, Carlos Alberto Alvaro de Oliveira, em seus textos, soube bem explorar a importância da colaboração dos sujeitos processuais. Em precioso ensaio, afirmou que "o diálogo judicial torna-se, no fundo, dentro dessa perspectiva, autêntica garantia de democratização do processo, a impedir que o órgão judicial e a aplicação da regra *iura novit curia* redundem em instrumento de opressão e autoritarismo, servindo às vezes a um mal explicado tecnicismo, com obstrução à efetiva e correta aplicação do direito e à justiça do caso. Ora, o concurso das atividades dos sujeitos processuais, com ampla colaboração tanto na pesquisa dos fatos quanto na valorização jurídica da causa, constitui dado que influi de maneira decisiva na própria extensão do princípio do contraditório. Basta pensar que

---

[74] Neste sentido, Luís Guilherme Marinoni e Sérgio Cruz Arenhart aduzem que "o objetivo central da garantia do contraditório não é a defesa entendida em sentido negativo, isto é, como oposição ou resistência ao agir alheio, mas sim a 'influência' entendida como Mitwirkungbefugnis (Zeuner) ou Einwirkungsmöglichkeit (Baur), ou seja, como direito ou possibilidade de influir ativamente sobre o desenvolvimento e o resultado da demanda". *Comentários ao CPC*, v. 5, tomo I. São Paulo: RT, 2000, p. 172.

Lições de Direitos Fundamentais no Processo Civil

essa colaboração só pode ser realmente eficaz se vivificada por permanente diálogo, com a comunicação das idéias subministradas por cada um deles: juízos históricos e valorizações jurídicas capazes de ser empregados convenientemente na decisão".[75]

É com esse espírito que a combinação das atividades do autor, do demandado e do juiz assumirá a estrutura ínsita do conceito de cooperação. Se cada um desses sujeitos trabalhar debruçado sobre a mesma matéria fática e jurídica, cada qual poderá trazer valiosas conclusões para iluminar o *thema decidendum*. O processo transforma-se em um laboratório, no qual todas as partes são convidadas a trabalhar, tal como cientistas fossem. Daí por que "si può, del resto, invertire la prospettiva: se l'intera materia del contendere prima della decisione subisce gli effetti delle forze esercitate da tutti i soggetti in concorso, nei limiti delle rispettive attribuzioni, il risultato sarà il prodotto di una collaborazione processuale totale".[76] Essa seria uma manifestação positiva do princípio da colaboração. A investigação solitária do órgão judicial, nos dias atuais, mostra-se inadequada, pois o diálogo instado entre as partes e o próprio condutor do processo "recomendado pelo método dialético amplia o quadro de análise, constrange à comparação, atenua o perigo de opiniões pré-concebidas e favorece a formação de um juízo mais aberto e ponderado".[77]

Quando se fala em colaboração entre as partes, admite-se que é justamente pela soma de seus esforços que o órgão judicial encontrará condições plenas para a aplica-

---

[75] A Garantia do Contraditório. In *Garantias Constitucionais do Processo Civil*. Org. José Rogério Cruz e Tucci. 1. ed. 2ª tiragem. São Paulo: RT, 1999, p. 143.

[76] Grasso, Eduardo. La collaborazione nel processo civile. *Rivista di diritto processuale*, 1966, p. 587.

[77] Cf. Alvaro de Oliveira. Poderes do juiz e visão cooperativa do processo. In: *Gênesis*, n. 28, p. 27.

ção do direito. Em outras palavras, é da soma de comportamentos parciais (tese, esposada pela pretensão + antítese, representada pela defesa) que o processo alcançará a justa síntese.[78] Este, então, é o método de trabalho preconizado pela adoção do princípio do contraditório.

2. A polêmica relativização do contraditório

Embora se constituindo em princípio nuclear do direito processual, a prática registra inúmeras exceções à garantia do contraditório. Trata-se de tema altamente complexo e que merece atenção redobrada do operador. O exemplo mais presente dessa postergação do contraditório ocorre com as decisões tomadas sem a oitiva da parte contrária (*inaudita altera pars*). Usualmente, justificam-se tais atos, pela necessidade de se garantir o acesso à justiça, o qual poderia ser afetado, caso não fosse tomada alguma providência de urgência.

Com efeito, diante do conflito entre o acesso à justiça e o princípio do contraditório, poderão ser observadas situações altamente dramáticas, nas quais a consagração plena do contraditório ocasiona o afastamento completo do ideal de acesso efetivo à justiça. Um caso corrente é o pedido liminar de tratamento médico ou de medicamentos necessários para a sobrevivência do autor. É, deveras, difícil efetivar o contraditório prévio, quando a estadia do autor em uma UTI, por exemplo, depende de provimento

---

[78] Ainda ecoa a clássica lição de Cintra, Grinover e Dinamarco: "somente pela soma da parcialidade das partes (uma representando a tese e a outra, a antítese) o juiz pode corporificar a síntese, em um processo dialético. É por isso que foi dito que as partes, em relação ao juiz, não têm papel de antagonistas, mas sim de "colaboradores necessários" : cada um dos contendores age no processo tendo em vista o próprio interesse, mas a ação combinada dos dois serve a justiça na eliminação do conflito ou controvérsia que os envolve". *Teoria Geral do Processo*, p. 55.

judicial para afastar a ameaça de expulsão. Não há tempo útil para se ouvir o réu. É por isso que o Direito assegura e regula como se dá a concessão de liminares desse jaez (p. ex., art. 273, CPC).

Entretanto, à margem dessas situações excepcionais e que efetivamente justificam o afastamento do contraditório, no cotidiano forense encontram-se inúmeras ofensas ao contraditório sem qualquer justificativa plausível. Liminares são concedidas em situações que, a rigor, não impunham o afastamento do contraditório. Com efeito, quando o autor conseguir suportar o tempo do processo necessário à convocação do réu, sem sofrer dano grave e de difícil reparação, não está, no plano constitucional, autorizada a desconsideração do contraditório. Essas decisões formadas após manifestação unilateral deveriam ser excepcionais, dentro do sistema constitucional. Contudo, hoje, estão presentes na realidade forense com uma freqüência considerável (quebra de sigilo telefônico, bancário ou fiscal, afastamento de sócios, retirada do nome de órgãos de restrição de crédito, proibição de descontos ou de reajustes em tarifas de serviços, retirada de propaganda dita enganosa, etc.). Para alguns juízes, o contraditório parece um mero formalismo desnecessário, diante da pretensa evidência do direito.

Como dito, apenas diante de urgência e de necessidade imperiosa de preservação do acesso efetivo à justiça é que está, no plano constitucional, autorizado o afastamento do contraditório. O tema foi bem abordado pelo Carlos Alberto Alvaro de Oliveira, ao afirmar que "só se poderá adiar o contraditório para um momento posterior na justa medida em que o provimento judicial, emitido *inaudita altera pars*, seja idôneo para atingir a finalidade a que se propõe a lei e em consonância com os pressupostos nela estabelecidos. Essa idoneidade decorre principalmente da proporcionalidade entre o prejuízo processual causado pela inobservância do princípio e o provável prejuízo que a outra parte poderá sofrer sem o deferimento da cautela ou da tutela cuja antecipação se pretende, condicionada ainda à provável existência do direito afirmado".[79] Avança o professor gaúcho, concluindo que "quando a urgência não se revele com todas as galas de evidência, quando o direito alegado não for suficientemente evidente e débil se apresente a prova trazida pelo requerente da antecipação e principalmente quando não houver perigo a prevenir, a postergação do contraditório não estará autorizada, ilação que naturalmente não desautoriza o deferimento da antecipação em momento posterior, se surgirem elementos novos para tanto".[80]

Desta forma, embora possa ser temporariamente excepcionado, em prol da realização do acesso à justiça, é fundamental preservar seu núcleo essencial, o que se dá pela adoção de medidas que minimizem a restrição ao direito fundamental, tais como: a intimação para manifestação em espaço exíguo de tempo, sobre a providência requerida, a possibilidade de retratação após as informações prestadas e, em última análise, a autorização de recurso contra o provimento invasivo.

3. Projeções atuais do contraditório

É constante a releitura do princípio do contraditório pela atuação da doutrina e da jurisprudência. Com o debate, proporcionado pelo cotejo de diversas posições acerca de seu papel no direito processual, é freqüente a adoção de técnicas de interpretação das normas infraconstitucionais conforme o direito fundamental ao contraditório.

---

[79] A Garantia do Contraditório, p. 146. In: *Garantias Constitucionais do Processo Civil*. coord. José Rogério Cruz e Tucci. São Paulo: Revista dos Tribunais, 1999.

[80] Op. cit., p. 146.

Em sede de processo penal, Gilmar Ferreira Mendes, Inocêncio Mártires Coelho e Paulo Gustavo Gonet Branco arrolam inúmeras hipóteses nas quais o contraditório vem sendo valorizado, dentre as quais: (a) a inviabilidade de se obter condenação, sem defesa técnica, pela inteligência constitucional do art. 263, CPP;[81] (b) a consideração da nulidade do processo, pela insuficiência da defesa; (c) a limitação da atuação oficiosa do magistrado; (d) a nulidade da denúncia genérica, por não possibilitar chance concreta de defesa do réu; (e) a inconstitucionalidade da sentença condenatória com base exclusiva no inquérito policial; (f) a coibição do excesso de linguagem na pronúncia, para não contaminar o Tribunal do Júri; (g) direito de contraditório nos procedimentos administrativos em geral.[82]

No âmbito civil, majoritária é a corrente que rechaça a alegação de ofensa ao contraditório diante de indeferimento motivado de diligência probatória tida por desnecessária.[83] Tampouco se observa ofensa ao contraditório, pelo julgamento monocrático da apelação com base no art. 557[84] ou diante da apreciação direta da causa pelo Tribunal, pela aplicação do art. 515, § 3º, CPC, quando os pontos decididos foram abordados preteritamente pelas partes.[85] Em todas essas hipóteses, em nosso sentir, o contraditório é resguardado, desde que, antes da atuação judicial, a parte tenha tido condições de influenciar a tomada de decisão.[86]

---

[81] Nesta linha, a Constituição Uruguaia veda "el juicio criminal en rebeldia" , no art. 21.

[82] *Curso de Direito Constitucional*, p. 547-565.

[83] STF, AI 623.228, Rel. Min. Sepúlveda Pertence, j. 14.08.2007.

[84] STF, 1ª Turma, HC 88.730/RJ, Rel. Min. Ricardo Lewandowski. DJ: 07.12.2006, p. 52

[85] STJ, EREsp 89240 / RJ, Rel. Min. Sálvio de Figueiredo Teixeira. DJ: 10.03.2003, p. 76.

[86] Como dito, o importante é que exista oportunidade de influência. Daí nossa dificuldade em admitir com naturalidade a postecipação do contraditório – que em nosso sentir apenas se afina com a Constituição Federal no momento em que a urgência é tamanha que efetivamente

De outra banda, ocorre ofensa ao contraditório, quando, através de embargos de declaração, o resultado do julgamento é alterado, sem a oitiva prévia do embargado. De igual sorte, a utilização de conhecimento privado pelo magistrado priva a parte de contraditá-lo. Mais recentemente, com a previsão do julgamento liminar de improcedência (art. 285-A) pode ser ofendido o contraditório pela introdução na sentença de fundamentos não apreciados pelas instâncias superiores ou pela supressão prematura do debate, diante de dados novos e inéditos.

---

seja impossível o contraditório prévio. Uma situação complexa ocorre com a incidência do art. 557, §1°, CPC, no julgamento de Agravos de Instrumentos, pois, ao se permitir o provimento monocrático de agravo, restará ao agravado reagir com o agravo interno. Qual a urgência que justificaria essa exceção? Nenhuma, data venia. Na jurisprudência do Superior Tribunal de Justiça existe orientação minoritária, conduzida pelo Min. Teori Zavascki, no sentido da inconstitucionalidade do provimento monocrático por ofensa ao contraditório. Nessa linha: REsp 892320/RS, 1ª Turma, DJ: 23.04.2007, p. 240.

Lições de Direitos Fundamentais no Processo Civil

Capítulo 4 – A Publicidade dos atos processuais
(5º, LX, e 93, IX,CF)

1. A transparência da Administração da Justiça e a publicidade dos atos processuais

Estabelece a Carta Magna, em seu art. 93, IX, que todos os julgamentos dos órgãos do Poder Judiciário serão públicos.[87] Quer isto dizer que a publicidade do julgamento é uma garantia oferecida imediatamente às partes e mediatamente a toda a sociedade. A publicização dos atos estatais é da essência do Estado Democrático de Direito, haja vista que propicia a todo cidadão a fiscalização do exercício do poder que decorre, segundo a Constituição, do próprio povo.[88]

---

[87] Art. 93, IX: "todos os julgamentos dos órgãos do Poder Judiciário serão públicos, e fundamentadas todas as decisões, sob pena de nulidade, podendo a lei limitar a presença, em determinados atos, às próprias partes e a seus advogados, ou somente a estes, em casos nos quais a preservação do direito à intimidade do interessado no sigilo não prejudique o interesse público à informação".

[88] Já a Constituição Francesa de 1789 preconizava, em seu art. 15, que "la societé a le droit de demander compte à tout agent public de son administration".

Como bem colocou a professora Odete Medauar, "o secreto, invisível, reinante na Administração, mostra-se contrário ao caráter democrático do Estado. A publicidade ampla contribui para garantir direitos dos administrados; em nível mais geral, assegura condições de legalidade objetiva porque atribui à população o direito de conhecer o modo como a Administração atua e toma decisões, abate o muro secreto da cidadela administrativa, possibilitando o controle permanente sobre suas atividades; a visibilidade, a cognoscibilidade, a acessibilidade congregam-se e se ligam à controlabilidade dos atos dos detentores do poder. Com a publicidade como regra, tem-se o diálogo em lugar do mutismo, a transparência em lugar da opacidade, e suscita-se a confiança do administrado na Administração".[89] Com efeito, é a publicidade que garante a satisfação dos vetores do art. 37 da Constituição Federal.

Com a publicidade, há, potencialmente, um verdadeiro controle da cidadania sobre o comportamento do Poder Judiciário na condução dos julgamentos, prestigiando-se, por completo, o dever de transparência das instituições públicas. Em face dessa ideologia da publicização dos atos estatais, sem dificuldade é alcançada a conclusão de que a publicidade não se limita ao ato de julgar, englobando todos os atos processuais em geral.[90] O estímulo à publicidade dos atos se dá pela regular intimação das partes, fenômeno cada dia mais simplificado pelo uso de meios eficazes de comunicação pelo Poder Judiciário, como a internet.[91]

---

[89] *O Direito Administrativo em Evolução*. São Paulo: Revista dos Tribunais, p. 237.

[90] "De acordo com o princípio da publicidade dos atos processuais, é permitida a vista dos autos do processo em cartório por qualquer pessoa, desde que não tramite em segredo de justiça". Resp 660.284/SP, 3ª Turma, Rela. Mina. Nancy Andrighi. DJ: 19.12.2005, p. 400.

[91] Tradicionalmente, a falha na intimação gera a nulidade do ato: "*HABEAS CORPUS*. AMPLA DEFESA. PAUTA: FALTA DE PUBLICAÇÃO. A garantia constitucional da ampla defesa (artigo 5.-LV da CF) e o prin-

Um dado importante a ser destacado, no atual momento histórico, reside no papel exercido pela publicidade dos atos processuais e a formação universitária dos futuros operadores. Como reconhecido pela doutrina, existe uma tendência de aproximação dos modelos da civil e da *common law*.[92] Nítido efeito da "commonlawlização" do direito processual é observado pela valorização da jurisprudência. As últimas reformas autorizaram julgamentos monocráticos (art. 557, CPC), o excepcional não recebimento da apelação (art. 518, § 1º, CPC) e inclusive o julgamento liminar de improcedência (art. 285-A). Tais hipóteses, colhidas aqui por amostragem, dependem de jurisprudência consolidada. Sem a publicização dos julgamentos é inviável formar uma jurisprudência uniforme sobre determinados temas, pela impossibilidade prática de conhecer os próprios precedentes.

Logo, deveria ser íntima a relação entre o trabalho das Cortes e a formação acadêmica. O método de resolução de casos e de cotejo com as orientações jurisprudenciais é hoje um imperativo na formação jurídica, para o fim de que as posições dos principais órgãos do Poder Judiciário sobre os temas mais relevantes sejam ao menos conhecidas. A doutrina parece atenta a esta realidade e, diuturnamente, através de críticas aos julgados, contribui para o debate sobre as melhores tendências para a evolução de nosso direito.

Publicidade, nesse contexto, significa, além de garantia de fiscalização, também democratização de julgamentos, pelo permanente diálogo entre a comunidade jurídica, a própria sociedade civil e o Poder Judiciário.

De outra banda, episodicamente a publicidade pode ceder frente a um ou outro ato processual específico. É justificada essa medida excepcional pela preservação de ou-

---

cípio da publicidade (artigo 93-IX da CF) foram frustrados por não terem o réu e seu defensor ciencia do julgamento de seu interesse. Ordem concedida". (HC 71250/RJ, Rel. Min. Francisco Rezek)

[92] Dentre farta bibliografia destacam-se Mauro Cappelletti, José Carlos Barbosa Moreira e Sérgio Gilberto Porto.

tras garantias constitucionais, como o direito à privacidade (art. 5°, X). Nenhuma garantia, como sublinhado tantas vezes ao longo deste ensaio, vale por si só e existe isolamente. Ao contrário, a missão do jurista é avaliar globalizadamente a incidência dos princípios, para evitar que, em nome da realização de um, outros direitos sejam irremediavelmente feridos. Oportuna a ponderação de Cândido Rangel Dinamarco, no sentido de que "nenhum princípio constitui um objetivo em si mesmo e todos eles, em seu conjunto, devem valer como meios de melhor proporcionar um sistema processual justo, capaz de efetivar a promessa constitucional de acesso à justiça (entendida esta como obtenção de soluções justas – acesso à ordem jurídica justa)".[93]

Nessa linha, o direito, em homenagem a outras garantias fundamentais, pode excepcionar a publicidade. O próprio art. 93, IX, da Constituição autoriza a "lei" a restringir a publicidade de determinados atos, para a proteção da intimidade dos envolvidos. Todavia, não apenas a "lei" propriamente dita pode restringir a publicidade. Também o magistrado, como fiscal e garante da Constituição, está autorizado a determinar o sigilo, em caráter excepcional, desde que criteriosamente explique qual direito fundamental estaria sendo ameaçado pela publicidade de algum ato.

2. Os limites da decretação do segredo de justiça

Como se observou, a regra no sistema constitucional brasileiro é a da publicidade, muito embora, em nome de outras garantias constitucionais, sejam admitidas exceções. Em tese, raciocínio semelhante foi seguido pelo Pacto de San José da Costa Rica, quando estabelece, em seu art. 8, n. 5, a regra do "proceso penal debe ser publico, salvo en lo que sea necesario para preservar los intereses de la justicia". Resta definir quais seriam os "interesses da justiça".

---

[93] A Relativização da Coisa Julgada. Revista Forense, v.358, p, 12.

O caso do art. 155 do CPC é emblemático. Estabelece a referida norma que correm em segredo de justiça os processos que digam respeito a casamento, filiação, separação, divórcio, alimentos e guarda de menores. As hipóteses elencadas no texto pré-constitucional refletem a cultura da sociedade da época, inclusive pela marcada influência da religião. Presumia-se que, nessas causas, esteja em cena a vida privada das partes.

Para conservar a atualidade (e a utilidade) da norma, a jurisprudência majoritária reputa que o rol é exemplificativo, como se vê da lição da Min. Nancy Andrighi, "o rol das hipóteses de segredo de justiça não é taxativo, sendo autorizado o segredo quando houver a necessidade de defesa da intimidade".[94]

Deve ser lembrado que a exceção do segredo de justiça foi introduzida pelo Código de 1973, devendo ser interpretada à luz do texto constitucional de 1988 (art. 5º, LX, da CF), que estabelece a regra da publicidade e diversos direitos fundamentais. O núcleo essencial da publicidade deve ser protegido, mediante interpretações que harmonizem a tutela dos direitos colidentes (privacidade, intimidade e outros direitos da personalidade, etc.).

Desta forma, mesmo quando decretado o sigilo, jamais deverá ser impedido o acesso às partes envolvidas. E mesmo os terceiros que demonstrarem interesse jurídico poderão requerer acesso aos autos, pois, à luz do contraditório e do acesso à justiça, não há como se impedir que os cidadãos tenham ciência dos atos que possam repercutir na sua esfera jurídica.[95]

---

[94] RESp 605.687/AM, 3ª Turma, Rela. Ministra. Nancy Andrighi, DJ: 20.06.2005, p. 273.

[95] Como ponderou o Min. Humberto Gomes de Barros, "não existe direito líquido e certo a acesso de estranhos aos autos sob o sigilo judicial. Para tanto, há necessidade da demonstração do interesse jurídico, na forma do parágrafo único do Art. 155 do CPC". RMS 18.383/SC, 3ª Turma, Rel. Min. Humberto Gomes de Barros. DJ: 27.06.2005, p. 360.

É por esta razão que merece interpretação com cautela a idéia de que, para a eficácia de determinados atos processuais, sua publicidade deve ser restringida. Não se ignora que muitas medidas possam restar infrutíferas, caso divulgadas de antemão. O exemplo da busca e apreensão é qualificado, pois quando conhecida pelo destinatário do provimento, pode ocasionar a inutilidade do ato. Entretanto, mesmo que ocorra reserva na divulgação da medida, sua execução merece ser acompanhada pelo público, especialmente para prevenir abusos.

O importante é que a excepcional restrição de publicidade seja criteriosamente fundamentada, com a indicação precisa dos direitos fundamentais que estariam sendo, em tese, albergados pela medida, ponderando-se as pretensões colidentes envolvidas, à luz dos critérios constitucionais. Eventual equívoco judicial poderia ser fiscalizado – e eventualmente corrigido – pela atuação dos tribunais revisores e, em casos extremos, pelas Cortes Superiores. Parece-nos que o sistema possui adequados mecanismos de controle ao ativismo judicial.

Capítulo 5 – Motivação das decisões judiciais (93, IX, CF)

1. A constitucionalização do dever de fundamentar as decisões

De acordo com o art. 93, IX, da Constituição, todos os julgamentos do Poder Judiciário devem ser fundamentados, sob pena de nulidade. Tradicionalmente, a motivação é encarada como a contrapartida do sistema da persuasão racional. Se, por um lado, o magistrado é livre para formar seu convencimento, por outro, deve prestar contas às partes e à sociedade, declinando nos autos as razões que o levaram a adotar sua conclusão. Não por acaso, portanto, como coloca Michele Taruffo, ela "si fissa e si generalizza nella storia degli ordinamenti processuali moderni essenzialmente nella seconda mettà del sec. XVIII".[96]

Constitucionalmente, porém, sua história é mais recente, datando do pós-guerra. Muitos países outorgaram-lhe status constitucional. Na Constituição portuguesa, de 1976, o art. 205 estabelece que "as decisões dos tribunais que não sejam de mero expediente são fundamentadas na

---

[96] Il Significato Costituzionale dell'obbligo di motivazione. In *Partici-pação e Processo*. Coord. Ada Pellegrini Grinover. São Paulo: RT, 1990, p. 37.

forma prevista na lei". Na da Espanha, de 1978, seu art. 120 dispõe que "(...) 3. Las sentencias serán siempre motivadas y se pronunciarán en audiencia pública". Semelhante é o regramento belga (Constituição de 1994, art. 149: "tout jugement est motivé. Il est prononcé en audience publique"), italiano (Constituição de 1947, art. 111, "tutti i provvedimenti giurisdizionali devono essere motivate") e holandês (Constituição de 1983, art. 121: "except in cases laid down by Act of Parliament, trials shall be held in public and judgements shall specify the grounds on which they are based. Judgements shall be pronounced in public".

No sistema brasileiro, o Código de Processo Civil já prescrevia o dever de fundamentação, ao preconizar, em seu art. 131, que, da apreciação "livre" da prova, a partir dos fatos e das "circunstâncias constantes dos autos", deveria decorrer a exposição "dos motivos que lhe formaram o convencimento". Ademais, embora as interlocutórias pudessem ser concisamente fundamentadas (art. 165, CPC), na elaboração das sentenças e dos acórdãos sempre existiu a previsão de relatório, motivação e dispositivo, o que, em tese, propicia o atendimento da exigência constitucional.

Como se observa, o dever de motivação, embora já previsto na legislação infraconstitucional, também assume um papel constitucional importante, quer sob o enfoque do processo eqüitativo e do controle da liberdade relativa do julgador, quer da proteção dos direitos fundamentais.

2. A multifuncionalidade da motivação

Em ensaio recente e valioso, Michele Taruffo afirmou que a justiça de uma decisão pode ser medida a partir de três balizas: (1) pela forma através da qual os fatos controvertidos são apercebidos pelo processo judicial (valoração das provas); (2) pela avaliação judicial do melhor direito a ser interpretado e aplicado ao caso concreto (hermenêutica) e (3) pelo caminho percorrido para que a decisão seja tomada, e a possibilidade que as partes tenham tido de influenciar o convencimento judicial (garantias constitucionais ou *procedural justice*).[97]

É do conjunto desses três fatores que a decisão conforme o Direito brota, podendo-se afirmar que essas três coordenadas, longe de almejarem a exclusividade, servem para se complementar. Assim, de nada adiantará que o magistrado extraia a melhor interpretação do direito, caso tenha se equivocado ao dimensionar os fatos colocados sob sua apreciação. Da mesma forma, soa injusto e anti-democrático que, a pretexto de alcançar-se a Justiça com celeridade, seja restringido o direito do destinatário do provimento final de participar ativamente no andamento do processo.

A exigência de motivação dos provimentos judiciais relaciona-se intimamente com as três perspectivas apontadas. Sem conhecer as razões que permitem a formação do convencimento judicial, reduzido seria o potencial controle da atividade estatal na resolução do litígio.[98] O mandamen-

---

[97] O Professor Michele Taruffo desenvolve em diversas obras cada qual dessas idéias. Um texto resumido pode ser encontrado no site www.dirittosuweb.com, cujo título é justamente *Idee per una teoria della decisione giusta*. Acesso em 24.04.2003.

[98] Sobre o tema, refere o Professor Francesco Paolo Luiso que un provvedimento giurisdizionale è un atto pubblico, che rappresenta l´esercizio di un pubblico potere. La norma è strettamente connessa al diritto di difesa, in quanto un giudice, che può incidere su situazioni sostanziali protette senza motivare le ragioi del suo convincimento, rischia di ledere i diritti della difesa, in quanto può, senza renderne conto, ignorare gli argomenti avanzati dalle parti. Quando se deve rendere conto del fondamento di una decisione, inevitabilmente la decisione è più meditata, e comunque si dà la possibilita di valutare se la decisione è giusta, di verificare l´inesistenza di errori ed arbitri, e comunque il cattivo esercizio del potere. Il giudice, nella motivazione, deve dare conto dei criteri che sono stati utilizzati per la decisione della causa. Quindi la motivazione è l´esplicazione dei criteri e delle ragioni dell´atto pubblico giurisdizionale che costituisce esercizio del potere. (Diritto Processuale Civile, p. 37)

to deriva, portanto, da circunstância de que os provimentos jurisdicionais não decorrerem de arbítrio, mas da aplicação de critérios de julgamento (jurídicos), que possam ser compartilhados pelo intérprete. O convencimento judicial é "livremente" retirado do acervo probatório e da exegese do sistema, mas é detalhado o caminho que leva a adoção de uma tese e a rejeição de outras, a fim de permitir ao intérprete condenar o uso equivocado da liberdade judicial.[99]

O arbítrio não convive com o Estado de Democrático de Direito.[100] O Superior Tribunal de Justiça, pela pena da Min. Nancy Andrighi, já reconheceu que "esse pressuposto de validade da decisão judicial – adequada fundamentação – tem sede legal e na consciência da coletividade, porque deve ser motivada toda a atuação estatal que impinja a aceitação de tese contrária à convicção daquele que está submetido ao poder de império da Administração Pública, do Estado. Também, por isso, seu berço constitucional está no art. 93, inciso IX, o qual não distingue o tipo de provimento decisório".[101]

Como sublinhado por Michele Taruffo, "sul piano della giurisdizione, ciò significa che il provvedimento del

---

[99] Nesse ponto, concordamos com Michele Taruffo, quando aduz que "se come è indubitabile, i giudici fanno spesso cattivo uso del loro ´libero convincimento' il rimedio non sta ovviamente nella sua eliminazione, bensì próprio nella costruzione e nell´attivazione di controlli razionali e procedimentali che possano assicurare un ´buon uso'della discrezionalità nelle scelte relative all´impiego e alla valutazione delle prove". *La Prova dei Fatti Giuridici*, p. 411.

[100] A vinculação entre a garantia da motivação e o controle dos atos estatais permeia a jurisprudência do Supremo, como se vê por ilustração: "É inquestionável que a exigência de fundamentação das decisões judiciais, mais do que expressiva imposição consagrada e positivada pela nova ordem constitucional (art. 93, IX), reflete uma poderosa garantia contra eventuais excessos do Estado-Juiz, pois, ao torná-la elemento imprescindível e essencial dos atos sentenciais, quis o ordenamento jurídico erigi-la como fator de limitação dos poderes deferidos aos magistrados e Tribunais". HC 68.202/DF, 1ª Turma, Rel. Min. Celso de Mello, j. 06.11.1990.

[101] AGRESP 251049/SP, 2ª Turma, DJ: 01.08.2000, p. 246.

Lições de Direitos Fundamentais no Processo Civil

giudice non si legittima in quanto esercizio di autorità assoluta, ma in quanto il giudice renda conto del modo in cui esercita il potere che gli à stato delegato dal popolo, che è il primo e vero titolare della sobranità. Donde l'obbligo di giustificare la decisione, che risponde sia alla necessità di permettere che tale fondatezza sia diskutierbar, cioè sia controllabile dall'esterno in modo diffuso. L'esercizio del potere giurisdizionale deve dunque essere 'trasparente', razionabile e controllabile, al pari dell'esercizio di qualunque potere nell'ambito dello Stato democratico di diritto".[102]

Outras funções também podem ser arroladas. Daí a expressão "multifuncionalidade da fundamentação judicial". É, por um lado, correto afirmar que serve às partes ao instrumentalizar o direito de recorrer.[103] E, ainda, importa na contrapartida ao sistema da persuasão racional adotado pelo Código (art. 131, CPC), como sublinhado.[104]

---

[102] Op. cit., p. 41-2.

[103] Assim como a decisão deve ser fundamentada, o recurso que a impugna deve atacar detalhadamente seus fundamentos, pela exigência de dialeticidade: "PROCESSUAL CIVIL. RECURSO ESPECIAL. DEFICIÊNCIA DA FUNDAMENTAÇÃO. SÚMULA 284-STF. NÃO-CONHECIMENTO. Considera-se deficiente a fundamentação deduzida no recurso especial, se não indicado, com precisão o dispositivo de lei federal que teria sido desafeiçoado, incidindo, na espécie, a Súmula 284 do Pretório Excelso. Recurso de que se não conhece. Decisão unânime". (RESP n.º 77.285/SP, Rel. Min. Demócrito Reinaldo, DJ: 18/03/96).

[104] Como assinalado na doutrina clássica de Enrico Túlio Liebman, "tem-se como exigência fundamental que os casos submetidos a juízo sejam julgados com base em fatos provados e com aplicação imparcial do direito vigente; e, para que se possa controlar se as coisas caminharam efetivamente dessa forma, é necessário que o juiz exponha qual o caminho lógico que percorreu para chegar à decisão a que chegou. Só assim a motivação poderá ser uma garantia contra o arbítrio (omissis). Para o direito é irrelevante conhecer dos mecanismos psicológicos que, às vezes, permitem ao juiz chegar às decisões. O que importa, somente, é saber se a parte dispositiva da sentença e a motivação estão, do ponto de vista jurídico, lógicos e coerentes, de forma a constituírem elementos inseparáveis de um ato unitário, que se interpretam e se iluminam reciprocamente". Liebman, Enrico Tulio. Do Arbítrio à Razão. Reflexões sobre a motivação das sentenças, In: *Revista de Processo*, 29/79. Esta pas-

Contudo, atende também a interesses públicos, ao permitir a fiscalização do exercício do poder estatal e a consolidação de orientações jurisprudenciais que permitam a aplicação de normas processuais (arts. 285-A, 518, § 1°, e 557, CPC, por ilustração). Afinal, sem a fundamentação dos julgados, seria inviável reconhecer a jurisprudência como uma fonte jurígena.

Nesse contexto, o art. 93, IX, da Constituição Federal consagra o princípio da publicidade e também contempla a exigência de que todas as decisões emanadas do Poder Judiciário sejam necessariamente fundamentadas, sob pena de nulidade. Essa determinação, em face do disposto do inciso X, do mesmo dispositivo, estende-se, ainda, às decisões de cunho administrativo.

---

sagem também foi referida pelo Athos Gusmão Carneiro, em precioso ensaio sobre o tema (Sentença mal Fundamentada e Sentença não Fundamentada – Conceitos – Nulidades)

Capítulo 6 – Juízo e promotor natural (5º, LIII, CF)

1. O significado constitucional do juízo natural

Estabeleceu a Carta Constitucional que "ninguém será processado nem sentenciado senão por autoridade competente" (art. 5º, LIII, CF). O comando é complementado pela vedação de juízo ou tribunal de exceção (art. 5º, XXXVII, CF). Com isso, fixou o princípio do juiz e do promotor natural, cujo principal objetivo é o de assegurar que ninguém será beneficiado ou prejudicado com a instauração de um verdadeiro juízo de exceção (adotado o princípio de pré-constituição dos órgãos jurisdicionais). E mais: que os provimentos serão emanados por juízes imparciais, segundo as normas vigentes de competência.

Tal princípio oferece aos cidadãos duas garantias: (a) uma de ordem positiva: julgamento imparcial por órgão criado previamente, a partir de normas objetivas, e (b) outra de viés negativo: veto à influência administrativa na composição do Tribunal em determinado caso concreto (proibição de juízes constituídos *post facto*).[105]

---

[105] Avançando no tema, Luís Antônio Longo enuncia que o "princípio do juiz natural consiste na garantia inerente aos litigantes em processo judicial, ou aos interessados em procedimentos administrativos de, mediante a pré-constituição pela lei e a prévia individualização dos juízes,

Em ambas as projeções, a orientação constitucional busca salvaguardar, a um só tempo, a imparcialidade do exercício jurisdicional e, por decorrência, a isonomia entre os cidadãos.[106] Não por acaso, foi um princípio muito valorizado na Revolução Francesa, pela aproximação com o ideal branco.[107]

Essas perspectivas, quando aliadas com as garantias constitucionais da magistratura brasileira (em especial a vitaliciedade e a inamovibilidade), garantem as bases mínimas para a independência do Poder Judiciário e de seus membros. Dentro de um sistema constitucional como o

---

no pleno e material exercício da imparcialidade e da igualdade, obter, mediante critérios objetivos e prefixados, a definição da competência de maneira inderrogável e indisponível, tanto de forma genérica e individualizada, observando-se os procedimentos referentes à divisão funcional interna dos organismos". *O princípio do juiz natural e seu conteúdo substancial*, p. 41.

[106] Como pondera Juliano Spagnolo, "tais normas visam a coibir uma justice de privilégios ou de exceção, assegurando a todos que seus litígios sejam julgados por juízes legais, juízes investidos nas suas funções de conformidade com as exigências constitucionais, vedando a criação de juízos destinados a julgamentos de determinados casos ou pessoas". A garantia do juiz natural e a nova redação do art. 253, do CPC, p. 154.

[107] A propósito, anotam Mauro Cappelletti e Vincenzo Vigoritti que "this 'natural judge' concept derives its meaning from a tradition of commentary and legislative enactments based on the natural law theory that prepared the way for the French Revolution. In efect, it serves to guarantee that in any judicial proceeding the jugde will be predetermined by law and not appointed ad hoc". Nessa linha, também observam Enrique Vescovi e Eduardo Vaz Ferreira que a partir de "la Révolution française, on a rejeté les jugements par commission et on a établi le principe du jugement par le juge naturel, choisi selon les régles objectives que règlent la compétence. Ce principe est aussi indiscutable que fondamental. En laissant de côte sa conséquence la plus connue, c'est-à-dire l'ínterdiction des jugements par commission, ce principe s'est à nouveau manifesté spécilement au sujet de la compétence pénale dans les delits de terrorisme. Notre constitution, ainsi que les autres constitutions latino-americaines établissent en termes exprés la défense des jugements par commission". Les Garanties Fondamentales des Parties dans la Procedure Civile en Amérique Latine. In: *Les Garanties Fondamentales des Parties dans les Process Civil*, p.108.

Lições de Direitos Fundamentais no Processo Civil

brasileiro, em que a proteção dos direitos fundamentais também fica a cargo do Poder Judiciário, é fundamental conservar a independência dos juízes. Heleno Cláudio Fragoso, em entrevista publicada no Caderno B, do "Jornal do Brasil", de 10.12.1977, destacava a importância da Declaração Universal dos Direitos do Homem, em meio a um conturbado momento da história brasileira. E chamava a atenção para importância de uma relação harmônica entre os Poderes, com o resguardo da independência do Judiciário. Pondera o notável jurista que "o primado do direito só pode ser plenamente assegurado no quadro de um governo cuja autoridade e poder emanem do povo e sejam exercidos através de representantes livremente escolhidos por ele e perante ele responsáveis. O primado do direito postula, portanto, de forma absoluta, eleições livres e periódicas, organizadas através de sufrágio universal e igual, em escrutínio secreto; requer por outro lado a existência de um Legislativo eleito por meios democráticos e não sujeito, seja na maneira de sua eleição, seja por qualquer outra forma, às manipulações do Executivo, através do qual se assegurem os direitos dos cidadãos a participar da vida política da nação. Requer também um Judiciário independente. A independência do Judiciário tem sido o elemento mais amplamente destacado do sistema de garantia para os Direitos Humanos (artigo 10, Declaração) porque é ao Judiciário que compete reconhecer e proclamar a violação dos Direitos e ordenar a sua reparação. A proteção do indivíduo pretende em última análise, uma magistratura esclarecida, independente e corajosa que saiba cercar-se de respeito. É indispensável que os juízes sejam pessoal e materialmente independentes, ou seja, que estejam em condições de proferir suas decisões com liberdade, sem temor de sofrer conseqüências pessoais em razão de sua atividade judicial".

Nesse sentido, a garantia do juízo natural está em sintonia com o movimento constitucionalista. Ela é afirmada para viabilizar a proteção dos direitos fundamentais, inclusive episodicamente contra a vontade da maioria.[108] E representa, como explicitado pelo Ministro Celso de Mello, uma das matrizes político-ideológicas que conformam a atividade estatal.[109] Se o formalismo é o irmão gêmeo da liberdade e o inimigo jurado do arbítrio, conforme o brocardo imortalizado por Rudolf von Ihering, então assiste razão a Carlos Alberto Alvaro de Oliveira, quando afirma que "a garantia do juiz natural, a sua vez, compõe também importante faceta do formalismo processual, por igualmente circunscrever o exercício arbitrário do poder impedindo a alteração da competência do órgão judicial ou a criação de tribunal especial, após a existência do fato gerador do processo, para colocar em risco os direitos e garantias da parte, tanto no plano processual quanto material. Daí a necessidade de tal matéria ser regulada por um direito processual rigoroso, aplicado de maneira formal, sugestão a que desde muito se mostra sensível o ordenamento jurídico brasileiro, erigindo o princípio à condição de garantia constitucional".[110]

---

[108] Como detecta Gustavo Zagrebelski, o Estado Constitucional é fortemente exposto ao risco de se corromper em meras práticas compromissórias e de perder de vista o valor para o qual existe: um valor que é muito forte do ponto de vista da utilidade geral, mas, infelizmente, "molto debole dal punto di vista degli interessi particolari, ai quali 'costituzionalmente' richiede sacrifici". *Fragilità e forza dello Stato Costituzionale*, p. 67.

[109] Pondera o Min. Celso de Mello: (...) o princípio da naturalidade do juízo representa uma das matrizes político-ideológicas que conformam a própria atividade legislativa do Estado, condicionando, ainda, o desempenho, em juízo, das funções estatais de caráter penal-persecutório. A lei não pode frustrar a garantia derivada do postulado do juiz natural. Assiste, a qualquer pessoa, quando eventualmente submetida a juízo penal, o direito de ser processada perante magistrado imparcial e independente, cuja competência é predeterminada, em abstrato, pelo próprio ordenamento constitucional". STF, HC 73.801/MG, 1ª T., Rel. Min. Celso de Mello. DJU: 27.06.1997.

[110] *Do Formalismo no processo civil*. Rio de Janeiro: Saraiva, 1997, p. 87.

Como referido, a relação entre a garantia do juiz natural e o dever de imparcialidade é íntima. José Maria da Rosa Tesheiner, bem compreendendo a ideologia da garantia constitucional, refere que se trata de assegurar a imparcialidade do órgão julgador, "impedindo-se a constituição de tribunais *ad hoc*, predeterminados a condenar ou absolver, pois a idéia de julgamento é incompatível com a de predeterminação de seu conteúdo. Certa álea, certa incerteza sobre a sentença que há de sobrevir integra o próprio conceito de julgamento. Se a decisão já foi tomada antes de reunir-se o tribunal, ou fora dele, o julgamento não passa de uma farsa".[111]

A imparcialidade, protegida pelo juízo natural, não se confunde com neutralidade. É natural que cada magistrado tenha suas preferências ideológicas, formadas a partir de sua única mundividência. Contudo, os preconceitos carregados pelas pessoas, embora influenciem o julgamento, não podem chegar ao ponto de prejudicar a aplicação do direito, sob pena de descrédito da justiça. Embora não seja neutro, o juiz deve conservar a imparcialidade no seu ofício, sob pena de prejuízo para a cidadania.[112] O cidadão não é neutro, mas o juiz é imparcial, competindo-lhe assegurar tratamento paritário e zelar pela aplicação do direito, muito embora carregue suas próprias convicções, assim como qualquer cidadão.

Muito se discute se eventuais iniciativas do Poder Judiciário, com o fim de resolver alguns gargalos da prestação jurisdicional, estão em sintonia com o princípio do juiz natural. É comum o fato dos Tribunais designarem magistrados para, durante período determinado, auxiliarem Comarcas que se encontram assoberbadas. Também é

---

[111] *Elementos para uma teoria geral do processo.* Rio de Janeiro: Saraiva, 1993, p. 36.

[112] Embora católico fervoroso – e contrário ao divórcio – o juiz brasileiro tem o dever de homologá-lo. Ainda que ferrenho defensor da pena de morte ou da prisão perpétua, o magistrado nacional não pode aplicá-las. A despeito de ser contrário ao aborto, não lhe é tolerado deixar de reconhecê-lo nas hipóteses legais.

freqüente a realização de intensivos Projetos de Conciliação. Em tese, nenhuma dessas situações é ofensiva ao juiz natural, desde que não se verifique favorecimento imotivado a determinados litigantes. Quando precedidas de critérios objetivos e imbuídas do escopo de realização de outros princípios constitucionais, não se visualiza qualquer mácula aos valores tutelados pelo juízo natural. Portanto, ao contrário de criticá-las, devem ser aplaudidas as inovações do Poder Judiciário para resolver problemas específicos enfrentados pelo cidadão.

De outra banda, o valor da imparcialidade também está presente no Código de Processo Civil, quando, nos artigos 134 e 135, arrolam inúmeras hipóteses de impedimento e suspeição. É dever do magistrado dar-se por suspeito ou impedido, diante de situações que possam interferir no julgamento da causa. Inexiste interesse público em se constranger o juiz a julgar um litígio que o envolve de forma especial, daí inclusive a previsão da suspeição por foro íntimo.

Quanto aos efeitos do reconhecimento de violação ao princípio do juiz natural, a conseqüência padrão é a desconstituição dos atos processuais praticados pelo juízo inconstitucional e de todos aqueles que dele derivaram. Entretanto, a jurisprudência do Supremo Tribunal Federal, desde 2003, vem autorizando a ratificação dos atos, inclusive decisórios, pelo juízo competente.[113] Em nosso sentir, a ratificação de atos decisórios deve ser encarada com extrema cautela, para se evitar a contaminação do juízo natural pelo equivocado exercício jurisdicional alheio e, por via transversa, a sujeira retornar ao processo pela janela, embora expulsa pela porta. Melhor solução, para evitar o risco dessa influência inconstitucional, seria a reautuação do processo e o arquivamento dos atos viciados.

---

[113] HC 88.262/SP, 2ª Turma, Rel. Min. Gilmar Mendes. DJ: 15.09.2006, p. 63.

2. A garantia do promotor natural

A partir da constatação de que a aplicação do direito deveria ser realizada por um juiz previamente definido e que nenhum vínculo íntimo com o litígio possuísse, a fim de aumentar a confiança do cidadão no agir estatal, a doutrina passou a postular a adoção do princípio do promotor natural. Ou seja, na medida em que a Constituição impõe à Administração obediência ao princípio da impessoalidade, deveria ser evitada a nomeação de agentes especiais.

Um passeio pela história nacional recente permite compreender a razão do princípio constitucional do promotor natural. Inicialmente, sua justificativa se dava pela defesa dos próprios membros do Ministério Público contra designações casuísticas procedidas pelo Procurador-Geral – Chefe da Instituição – aos efeitos de beneficiar ou prejudicar esta ou aquela situação. Hoje, mais do que garantia da instituição, é uma verdadeira garantia da cidadania, eis que, graças ao amadurecimento da sociedade, já vão longe os tempos do chamado "coronelismo", onde designações especiais e avocações episódicas eram perpetradas. A independência funcional, as garantias constitucionais da inamovibilidade, irredutibilidade e vitaliciedade, somadas ao presente princípio, asseguram ao cidadão a mais absoluta impessoalidade no trato do processado, uma vez que não se admite designação pós-fato de promotor/procurador para enfrentamento desta ou daquela situação.

Na visão do Supremo Tribunal Federal, o Promotor Natural consagra uma "garantia de ordem jurídica, destinada tanto a proteger o membro do Ministério Público, na medida em que lhe assegura o exercício pleno e independente do seu ofício, quanto a tutelar a própria coletividade, a quem se reconhece o direito de ver atuando, em quaisquer causas, apenas o Promotor cuja intervenção se justifique a partir de critérios abstratos e pré-determinados, estabelecidos em lei" e encontra guarida constitucional "nas cláusulas da independência funcional e da inamovibilidade dos membros da Instituição".[114]

Também o Superior Tribunal de Justiça admite ofensa ao princípio do promotor natural, "em hipóteses que presumem a figura do acusador de exceção, lesionando o exercício pleno e independente das atribuições do Ministério Público", muito embora acertadamente não reconheça violação ao princípio "quando a divisão de atribuições internas da Instituição ocorre de maneira objetiva e de maneira prévia".[115] Sob tais premissas, não titubeia em desconstituir denúncias, "se evidenciado que o Procurador-Geral da República escolheu seletivamente um dos membros daquela instituição para oferecer denúncia, sem observar o critério objetivo de distribuição dos feitos na Procuradoria".[116]

Como se observa, o promotor natural é uma conseqüência inafastável dos ideais constitucionais de isonomia e de impessoalidade.

---

[114] STF, HC 67.759/RJ, Rel. Min. Celso de Mello. DJ: 01.07.1993.

[115] REsp 904422/SC, 5ª Turma, Rel. Min. Felix Fischer. DJ: 11.06.2007, p. 375.

[116] RHC 11821/DF, 5ª Turma, Rel. Min. Gilson Dip. DJ: 18.11.2002, p. 235.

Capítulo 7 – **Proibição da obtenção de prova por meio ilícito (5º, LVI, CF)**

1. Caracterização da prova ilícita

Questão ainda tormentosa, no âmbito do direito processual, diz respeito à admissibilidade de provas obtidas por meio ilícito. Sua própria definição é alvo de controvérsia. Atualmente, a doutrina e a jurisprudência preferem resguardar a utilização do termo "prova ilícita" para aquelas provas que possuam vícios no momento de sua obtenção. A prova ilícita é obtida com a violação de normas de direito material (especialmente, direitos fundamentais).[117] A prova ilegítima, de seu turno, se caracteriza pela ofensa de preceitos processuais.[118]

---

[117] O professor Gustavo Bohrer Paim trabalha o tema, apresentando as principais correntes em "A Garantia da Licitude das Provas". In: *As Garantias do Cidadão no Processo Civil* (coord: Sérgio Gilberto Porto). Porto Alegre: Livraria do Advogado, 2004.

[118] "PROVA ILÍCITA. INTERCEPTAÇÃO, ESCUTA E GRAVAÇÃO, TELEFÔNICAS E AMBIENTAIS. PRINCÍPIO DA PROPORCIONALIDADE. ENCOBRIMENTO DA PRÓPRIA TORPEZA. COMPRA E VENDA COM DAÇÃO EM PAGAMENTO. VERDADE PROCESSUALIZADA. DOUTRINA E JURISPRUDÊNCIA. 1 – Prova ilícita é a que viola normas de direito material ou os direitos fundamentais, verificável

A redação da Constituição Federal, no sentido de que "são inadmissíveis, no processo, as provas obtidas por meios ilícitos", não deixa dúvidas de que o momento precípuo a ser focalizado no debate é justamente o da obtenção. Como regra, será lícita a prova, caso a parte, ao obtê-la, não tenha obrado na ilicitude. A jurisprudência brasileira já reconheceu a ilicitude da prova obtida através de violação de domicílio,[119] de escuta telefônica clandestina,[120] de quebra de sigilo bancário,[121] sem a competente autorização judicial e de violação de segredo profissional.[122]

Muita discussão ocorreu a partir de pretensões para a condução sob vara do réu em investigação de paternidade, sob o argumento de que a dignidade do investigante (também medida pelo direito de conhecer sua ascendência biológica) estaria a justificar a restrição à liberdade e ao corpo do investigado. A jurisprudência resolveu a polêmica pela instrumentalidade, admitindo uma presunção relativa a partir da valoração do comportamento do suposto pai que se recusa ao exame, livrando-lhe da coerção pessoal.[123]

---

no momento de sua obtenção. Prova ilegítima é a que viola as normas instrumentais, verificável no momento de sua processualização. Enquanto a ilegalidade advinda da ilegitimidade produz a nulidade do ato e a ineficácia da decisão, a ilicitude comporta um importante dissídio acerca de sua admissibilidade ou não, o que vai desde a sua inadmissibilidade, passando da admissibilidade à utilização do princípio da proporcionalidade. 5 – Apelo Desprovido". (AC 70004590683, TJRS, 2ª Câmara Especial Cível, Rel. Des. Nereu José Giacomolli, j. 09.12.2002, negado provimento, unânime)

[119] STJ, RHC 8753/SP, 6ª T. Rel. Min. Vicente Leal. DJU: 11.12.2000, p. 244.

[120] STJ, RHC 9555/RJ, 6ª T., Rel. Min. Fernando Gonçalves. DJU: 12.06.2000, p. 135.

[121] STJ, HC 9838/SP, 6ª T. Rel. Min. Vicente Leal. DJU: 24.04.2000, p 76

[122] HC 59967/SP, Rel. Min. Nilson Naves, 6ª Turma. DJ: 25.09.2006, p. 316.

[123] "INVESTIGAÇÃO DE PATERNIDADE. EXAME DNA. CONDUÇÃO DO RÉU "DEBAIXO DA VARA". Discrepa, a mais não poder de garantias constitucionais implícitas e explícitas – preservação da dignidade humana, da intimidade, da intangibilidade do corpo humano, do império da lei e da inexecução específica e direta de obrigação de fazer – provimento judicial que, em ação civil de investigação de paternidade,

2. A polêmica inadmissibilidade da prova ilícita

Em que pese a clareza do comando constitucional, ainda se discute o limite da proibição do uso da prova obtida por meio ilícito, especialmente naquelas hipóteses em que, para usar expressão redundante consagrada por Francesco Carnelutti, ela permite ao magistrado descobrir a "verdade verdadeira". Por decorrência, surge a seguinte questão: em que medida poderíamos mitigar o propósito exposto na Constituição Federal, para permitir ao jurisdicionado comprovar suas alegações?

Evidentemente, a resposta não é unívoca, seja na doutrina ou na jurisprudência. O tema torna-se ainda mais tormentoso em razão da ordem infra-constitucional consagrar o sistema da liberdade das formas.[124] Aliás, a redação do art. 332, CPC, sempre gerou controvérsia acerca de seu verdadeiro alcance. Alcides de Mendonça Lima, por ilustração, já advertira que se trata de "expressão equívoca, de difícil conceituação exata. O sentimento muda conforme a época e, até, a mentalidade, a formação e os princípios de cada juiz. Não há garantia prévia de determinado meio ser, ou não, aceito como prova. Com ou sem dispositivo, o problema poderia ser suscitado ao deferir ou indeferir uma prova por não ser moral, a cujos postulados o processo está sujeito, em seu todo, ainda que sem norma expressa".[125] A abertura do texto, por um lado, autorizou indevidamente o aproveitamento de provas indesejadas e a rejeição de outras que

---

implique determinação no sentido de o réu ser conduzido ao laboratório, "debaixo de vara" , para coleta do material indispensável à feitura do exame DNA. A recusa resolve-se no plano jurídico-instrumental, consideradas a dogmática, a doutrina e a jurisprudência, no que voltadas ao deslinde das questões ligadas à prova dos fatos". STF, HC 71373-4.

[124] Art. 332, CPC: "todos os meios legais, bem como os moralmente legítimos, ainda que não especificados neste Código, são hábeis para provar a verdade dos fatos, em que se funda a ação ou a defesa".

[125] Lima, Alcides de Mendonça. A nova terminologia do código de processo civil. In: *Revista da AJURIS*, nº 1, p. 112.

deveriam ter sido autorizadas, em face de injustificados decisionismos espalhados pelo território. De outro, propiciou que a evolução dos costumes e da cultura social fosse recepcionada pelo Código, prescindindo de alteração legislativa, o que é salutar.

De toda sorte, consoante a letra da lei, respeitados os parâmetros da "moralidade", tudo que possa ratificar as alegações deduzidas pelas partes e que possa contribuir para a aproximação dos fatos discutidos, é admitido judicialmente. Com a edição da Carta Magna de 1988, a interpretação deste dispositivo submete-se ao direito fundamental do art. 5º, LVI. Nesta linha, deve se ter por assente que a liberdade probatória, que visa propiciar a recepção dos fatos no processo, não chega a permitir que a ilicitude contribua para o êxito da prestação jurisdicional do Estado.[126] De outro lado, não soa justo impor sacrifício grave a qualquer cidadão, quando, pela informação trazida de forma ilícita ao processo, se conclui pelo imerecimento.

Para ultrapassar esse dilema, com apelo ao princípio da proporcionalidade (*Verhaeltnismaessigkeitprinzip*), parcela da doutrina entende que somente através de uma ponderação dos interesses envolvidos no litígio, conseguiríamos alcançar a solução do impasse.[127] Segundo tal posição, episodicamente, a prova ilícita poderia ser aproveitada para evitar a aplicação manifestamente equivocada do direito.

---

[126] A propósito do tema, oportuna a lição de Mauro Cappelletti e Vincenzo Vigoriti, segundo a qual mesmo uma moderna visão da prova reconhece que, embora em princípio todas as provas relevantes devam ser submetidas à apreciação do juiz, esse princípio deve, sob certas circunstâncias, dar lugar a outros valores, especialmente se eles são constitucionalmente garantidos. (no original: even a modern view of evidence recognizes that, although in principle all relevant proof should be submitted to the critical evaluation of the judge, this principle must, in certain circumstances, give way to other values, especially if they are constitutionally guaranteed. (In *Fundamental Guarantess of the Parties in Civil Litigation*, p. 555)

[127] Sobre o tema, oportuno o ensaio de Erico Bergmann. *A Prova Ilícita – A Constituição de 1988 e o Princípio da Proporcionalidade*, Estudos do MP-5, Porto Alegre, 1992.

Com base nessa diretriz, professores admitem, em hipóteses específicas, a utilização de provas obtidas por meio ilícito, com o fito de prestigiar outros valores também protegidos pelo ordenamento.[128] É emblemático o exemplo da gravação clandestina que comprova a inocência do réu em processo crime. Sua admissibilidade é tolerada pelo Supremo Tribunal Federal. Também o é pelo Superior Tribunal de Justiça.[129]

Essa orientação, todavia, não é imune à crítica. A adoção da permissividade da prova obtida por meio ilícito pode chancelar a deslealdade, verdadeiros prêmios à astúcia e incentivo à torpeza – situações incompatíveis com a saúde da justiça. Com efeito, não se duvida que, em número expressivo de casos, a utilização das provas obtidas por meios ilícitos até serviriam para aclarar o contexto fático da causa, contribuindo, com isso, para o alcance de uma decisão mais "justa" no caso concreto. Todavia, não se pode olvidar que, na medida em que se faculta às partes expedientes menos nobres, tal como a invasão da privacidade alheia ou mesmo uma comezinha agressão à integridade corporal, o Estado de Direito também resulta agredido.

A regra é a inviabilidade da prova ilícita, obviamente. Logo, é a exceção que deve ser criteriosamente justificada, com a ultrapassagem exitosa de três momentos, pela apli-

---

[128] Dentre tantos, ver Luís Guilherme Marinoni e Sérgio Cruz Arenhart. *Passim Comentários ao CPC*, v. 5, tomo I, RT, 2000.

[129] "PENAL. PROCESSUAL. GRAVAÇÃO DE CONVERSA TELEFÔNICA POR UM DOS INTERLOCUTORES. PROVA LÍCITA. PRINCÍPIO DA PROPORCIONALIDADE. *HABEAS CORPUS*. RECURSO. 1. A gravação de conversa por um dos interlocutores não é interceptação telefônica, sendo lícita como prova no processo penal. 2. Pelo Princípio da Proporcionalidade, as normas constitucionais se articulam num sistema, cuja harmonia impõe que, em certa medida, tolere-se o detrimento a alguns direitos por ela conferidos, no caso, o direito à intimidade. 3. Precedentes do STF". (RHC nº 7216/SP, STJ, 5ªT, Rel. Min. Edson Vidigal, D. J. 25.05.98, por unanimidade, negado provimento).

cação da máxima da proporcionalidade incorporada no ordenamento constitucional.[130]

Inicialmente, cumpre analisar a necessidade da prova dentro do processo (aferição de sua relevância). Exemplo: de nada adianta introduzir no processo uma prova – lícita ou ilícita – para comprovar a culpa por uma separação, caso se julgue que a perquirição da culpa é irrelevante, como corretamente entendem muitos Tribunais da Federação. Já neste primeiro teste muitas discussões são resolvidas.

Caso resolvida essa primeira questão, chega o momento de discutir se aquela prova específica é tida pelo Direito como a mais adequada para a comprovação da assertiva da parte. Exemplo: não se mostra razoável obter-se, através de artifício ilegal, o testemunho para comprovar negócio jurídico com valor superior a 10 salários mínimos, uma vez que a lei por ora restringe a prova desses negócios aos documentos. Outros tantos debates são dirimidos pela verificação da pertinência da prova escolhida e o fato probando.

Por fim, caso a prova tenha ultrapassado os dois primeiros testes, então realiza-se a comparação entre o direi-

---

[130] Como sublinha Luiz Roberto Barroso: "o princípio da proporcionalidade é, por conseguinte, direito positivo em nosso ordenamento constitucional, embora não haja sido ainda formulado como 'norma jurídica global', flui do espírito que anima, em toda sua extensão e profundidade, o parágrafo segundo do art. 5º, o qual abrange a parte não escrita ou não expressa dos direitos e garantias da Constituição, a saber, aqueles direitos e garantias cujo fundamento decorre da natureza do regime, da essência impostergável do Estado de Direito e dos princípios que este consagra e que fazem inviolável a unidade da Constituição. Poder-se-á, enfim, dizer, a esta altura, que o princípio da proporcionalidade é hoje axioma do Direito Constitucional, corolário da constitucionalidade e cânone do Estado de Direito, bem como regra que tolhe toda a ação ilimitada do poder do Estado do quadro de juridicidade de cada sistema legítimo de autoridade. A ele não poderia ficar estranho, pois, o direito constitucional brasileiro. Sendo, como é, princípio que embarga o próprio alargamento dos limites do Estado ao legislar sobre matéria que abrange direta ou indiretamente o exercício da liberdade e dos direitos fundamentais, mister se faz proclamar a força cogente de sua normatividade".

to violado na obtenção da prova e o direito fundamental que será demonstrado por sua admissão judicial (teste da proporcionalidade em sentido estrito). Aqui, sim, a máxima da proporcionalidade, pela qual é inadequado atacar pássaros com rajadas de canhão, aplica-se. A exibição por terceiros de um diário íntimo pode até ser adequado para comprovar a inocência em persecução criminal, contudo mostra-se fora do razoável tolerar tamanha invasão de privacidade para se demonstrar a ocorrência da grande maioria dos ilícitos.

Fora destes três testes, a aplicação da proporcionalidade é irresponsável e não deve ser tolerada. Quando reconhecida a ilicitude da prova, pelo contato do magistrado, além do desentranhamento, torna-se saudável o afastamento do próprio juiz do processo, inclusive de ofício, para garantir a imparcialidade e o juízo natural. De nada justificaria a extirpação da prova se, de outra banda, pudesse o magistrado – conscientemente ou não – arquitetar sua fundamentação por outros meios para, por via transversa, valer-se da prova ilícita.

Capítulo 8 – Isonomia processual (5º, *caput*, CF)

1. O constante desafio da igualdade

A procura pela igualdade é um desafio presente desde a história antiga. A igualdade, entendida como oposição aos privilégios, é um requisito fundamental de qualquer sistema jurídico que se presuma democrático.

Aquele que é tido como o documento fundamental da França Revolucionária, a "Déclaration des droits de l'Homme et du citoyen", de 1789, já anunciava no primeiro artigo que "les hommes naissent et demeurent libres et égaux en droits". Símbolo marcante da República, foi imortalizado na cor branca, até hoje utilizada oficialmente. Na América, a valorização da igualdade também é histórica. Certamente, não é mera coincidência o fato de, no direito estado-unidense, a "equal protection of the laws" ter sido recepcionada pela 14ª Emenda (ratificada em 09.07.1868), justamente após o banimento da escravidão, pela 13ª. Algum tempo depois, já no século XX, a Declaração Universal dos Direitos do Homem harmoniza as culturas, no art. 7º, estabelecendo que "tous sont égaux devant la loi et ont droit sans distinction à une égale protection de la loi. Tous ont droit à une protection égale contre toute discrimination

Lições de Direitos Fundamentais no Processo Civil

qui violerait la présente Déclaration et contre toute provocation à une telle discrimination".

No solo brasileiro, o desejo de igualdade inspirou manifestações memoráveis, como a luta de Tiradentes pela independência e o trabalho de Joaquim Nabuco em prol do abolicionismo. Esses belos exemplos convivem com capítulos menos nobres de nossa história, que parece confirmar a regra da desigualdade nas relações humanas, como bem testemunharam Lima Barreto e Machado de Assis.

Na seara jurídica, é célebre a Oração aos Moços, na qual Rui destacou que "a regra da igualdade não consiste senão em quinhoar desigualmente aos desiguais, na medida em que se desigualam. Nesta desigualdade social, proporcionada à desigualdade natural, é que se acha a verdadeira lei da igualdade. O mais são desvarios da inveja, do orgulho, ou da loucura. Tratar com desigualdade a iguais, ou a desiguais com igualdade, seria desigualdade flagrante, e não igualdade real. Os apetites humanos conceberam inverter a norma universal da criação, pretendendo, não dar a cada um, na razão do que vale, mas atribuir o mesmo a todos, como se todos se equivalessem".[131]

O direito brasileiro, ao longo do século XX, tentou minimizar a desigualdade, embora a realidade se encarregue de oferecer enorme resistência aos ventos que sopram. Como não poderia deixar de ser, o Preâmbulo de nossa Constituição Cidadã destaca a igualdade como valor supremo de uma sociedade fraterna, pluralista, sem preconceitos, fundada na harmonia social e comprometida, na ordem interna e internacional, com a solução pacífica das controvérsias. Tantas outras normas constitucionais se ocupam da igualdade, sendo quiçá a mais emblemática o *caput* do art. 5º, do *Bill of Rights*.

A norma constitucional proporcionou manifestações valiosas do Supremo Tribunal Federal. Impregnada de

---

[131] *Oração aos Moços*, p. 39.

simbolismo é a súmula 683, ao estabelecer que: "o limite de idade para a inscrição em concurso público só se legitima em face do art. 7º, XXX, da Constituição, quando possa ser justificado pela natureza das atribuições do cargo a ser preenchido". De outra banda, é de se lamentar que o Código Civil tenha impedido as pessoas maiores de 60 anos de disporem sobre o melhor regime de bens para seu próprio casamento, como se elas, a partir desta idade, já não merecessem autonomia (art. 1.641).

O ideal de igualdade passa pela conhecida equação da isonomia matemática e a meritória, discussão, aliás, imortalizada por Aristóteles.[132] É lição consagrada a necessidade de se tutelar as pessoas, na medida em que se desigualam, com o fim de realizar o de isonomia. Desta forma, o tratamento diferenciado pode ser constitucional, desde que apresentados critérios legítimos para justificá-lo. Contudo, dentro do direito processual, a igualdade meritória é extremamente problemática, na medida em que todos os jurisdicionados almejam identidade de poderes, ônus e obrigações, dentro do processo.

2. A igualdade dentro do direito processual

Inúmeras são as projeções do ideal constitucional de isonomia, dentro da ciência processual. No plano infraconstitucional, o art. 125, I, do Código de Processo, determina que o magistrado dirija o processo assegurando as partes igualdade de tratamento. A isonomia, nesse contexto, é uma projeção da imparcialidade do exercício jurisdicional.

---

[132] É interessante a redação da Constituição Uruguaia, quando, no seu art. 8º, afirma que "todas las personas son iguales ante la ley, no reconociendose otra distinción entre ellas sino la de los talentos o las virtudes".

Contudo, é fato por todos conhecidos a disparidade entre os jurisdicionados. A primeira onda renovatória do acesso à justiça bem identificou empecilhos para que a promessa constitucional de isonomia pudesse ser confirmada na prática. E, no exemplo brasileiro, idealizaram-se mecanismos para equalizar a situação dos jurisdicionados, como a projeção erga omnes de algumas pronúncias judiciais, a criação da defensoria pública, a assistência judiciária gratuita, o ministério público, dentre outras. Essas medidas têm como norte a isonomia e devem ser entusiasmadas.

Também é um fato presente em nosso ordenamento a existência de tratamento diferenciado, tal qual o art. 188, CPC, que estabelece prazos ampliados para o Ministério Público, União, Estados, Distritos Federais e Municípios, bem como suas autarquias e fundações, e o *caput* do art. 475, que assegura o reexame quando a Fazenda Pública sofre desfalque patrimonial. Essas normas – e todas as outras que formalmente quebram a isonomia – devem ser criteriosamente justificadas, a fim de se demonstrar que, ao invés de representar um privilégio, traduzem-se em exigências constitucionais. Nada obsta, como postulado pela jurisprudência do Supremo Tribunal Federal, que, com o passar do tempo, a mesma norma que ora se repute constitucional, torne-se ilegítima, pelo desaparecimento das circunstâncias que motivaram sua criação. Na medida em que for reconhecido que os órgãos públicos estão suficientemente equipados para o enfrentamento das demandas em paridade de condições com os demais litigantes, a aplicação cega do art. 188, CPC, representa ofensa ao texto constitucional da isonomia.[133]

---

[133] Não se deve olvidar que o Código de Processo Civil data de período onde ainda vivíamos sob os reflexos de uma "revolução" que virou as costas para a democracia e, por decorrência, fazia valer os interesses do Estado de então sobre qualquer outro. Havia a mais valia do governo sobre o cidadão. Justificava-se, assim, a linha ideológica de privilegiamento do Estado frente ao particular, adotada, então pelo Código de Processo Civil, ainda que sob rótulo diverso. Cenário diferente está pre-

Outro aspecto a ser ponderado é a divergência jurisprudencial, dentro do mesmo momento histórico. Se, por um lado, é necessário conservar a independência do Poder Judiciário e de seus membros, por outro, é fundamental a criação de mecanismos que reduzam a possibilidade de cidadãos receberem respostas estatais antagônicas, quando se encontram diante da mesma relação de direito material. Como sublinha Hernando Devis Echandia, a jurisprudência contraditória cria a insegurança jurídica, a desconfiança na justiça e conduz a desarmonia e a intranqüilidade social, desvirtuando a função jurisdicional ("la jurisprudência contradictoria y desordenada, en el mismo momento histórico, atenta contra la garantia constitucional de la igualdad ante la ley y en el proceso").[134]

Vai nesse sentido a observação da Ministra Ellen Gracie Northfleet, então Presidente do Conselho Nacional de Justiça e do Supremo Tribunal Federal, publicada na Revista Veja, edição de 12 de março de 2008. Analisando o papel das "súmulas vinculantes", e destacando a cautela e a prudência necessárias para sua elaboração, observou a magistrada que "ao tornar-se obrigatória não apenas para as diversas instâncias do Judiciário, mas também para a Administração Pública, uma boa súmula pode de fato diminuir o número de processos. Na medida em que vincula o Poder Público a um certo entendimento em questões tributárias ou previdenciárias, por exemplo, ela diminuirá os casos em que o contribuinte sentirá necessidade de recorrer à Justiça. Gostaria de ressaltar que a súmula vinculante

---

sente desde a edição da Constituição de 1988, onde foi adotada, exatamente, a idéia de prestigiar a sociedade e não apenas o Estado. Assim, identificamos, nos dispositivos que consagram tratamento processual diferenciado às partes, resquícios de um Estado arbitrário, face à natureza do governo de então, circunstância incompatível com a conjuntura hodierna, onde responde presente o Estado Democrático de Direito consagrado pela Constituição Federal, em seu artigo primeiro.

[134] Derecho y deber de jurisdición, y la igualdad de las personas ante aquella y en el proceso, p. 198.

também aumenta a segurança jurídica. Acabam aquelas situações em que, num mesmo assunto, um cidadão recebe uma sentença e o seu vizinho, a sentença oposta".

A verdade é que a idéia de isonomia remete à concepção de equilíbrio. Assim, sempre que o equilíbrio processual restar atingido, igualmente restará comprometida a garantia constitucional-processual da isonomia, daí a, em tese, comprometedora posição de privilégio processual do Estado.

3. A atualidade constitucional do reexame necessário

Um dos meios previstos no direito brasileiro para a proteção do erário público é o reexame necessário. Como é sabido, de regra, quando a sentença impuser um desfalque patrimonial superior a 60 vezes o salário mínimo nacional, tem lugar a remessa oficial. Sem que o Tribunal analise tal sentença, ela não será eficaz. Ou seja, ainda que inexista recurso voluntário de qualquer dos litigantes, necessariamente a sentença será examinada e, se o Tribunal se convencer do seu equívoco, será ela reformada para proteger o erário.[135]

À luz dessa perspectiva unidirecional (ou seja, se o Tribunal a reputar injusta porque agride indevidamente o erário, ele a corrige; contudo, se ele reconhece ofensa a direito fundamental do cidadão, deve permanecer com braços cruzados), tranquilamente pode ser discutida a sua constitucionalidade. É o que faz com brilho Cândido Rangel Dinamarco, acusando o dispositivo de fascista. Contudo, assiste razão a José Carlos Barbosa Moreira, quando afirma que o erário público possui uma natureza especial

---

[135] Súmula 45: "no reexame necessário, é defeso, ao tribunal, agravar a condenação imposta a fazenda publica".

e que, por essa razão, justificar-se-ia alguma cautela na sua imposição. A solução de Cândido Rangel Dinamarco, coerente com seus princípios, é a abolição do reexame. A de José Carlos Barbosa Moreira, igualmente lógica a partir de seus argumentos, é a manutenção.

Em nosso sentir, a interpretação constitucional do reexame necessário deveria autorizar a correção da sentença para ambas as direções, isto é, tanto quando a Fazenda Pública é indevidamente prejudicada, quanto na hipótese do particular ser ofendido e o erário, ilicitamente, resguardado. Atento ao princípio da isonomia e ao acesso à justiça, o Superior Tribunal de Justiça vem admitindo a inclusão de juros legais, inclusive em desfavor da Fazenda Pública, em sede de reexame necessário, porquanto essa parcela decorre de imposição legal.[136]

---

[136] EREsp 647.596/MG, CE, Rel. Fernando Gonçalves. DJ: 12.02.2007, p. 212.

Capítulo 9 – Duplo grau de jurisdição

1. Duplo grau de jurisdição

Dentre as garantias implícitas, é o duplo grau de jurisdição a mais discutida em sede doutrinária. Muito embora invocada com relativa freqüência, no dia-a-dia forense, bem examinada, verifica-se que ao menos expressamente não está contemplada na Carta Magna.

Por tal razão, surge a diversidade de opiniões, a ponto de eminentes juristas, até mesmo, negarem a existência da garantia como integrante do sistema constitucional brasileiro.[137] Luiz Guilherme Marinoni e Sérgio Cruz Arenhart, por ilustração, concluem que "é correto afirmar que o legislador infraconstitucional não está obrigado a estabelecer, para toda e qualquer causa, uma dupla revisão em relação ao mérito, principalmente porque a Constituição Federal, em seu art. 5º, XXXV, garante a todos o direito à tutela jurisdicional tempestiva, direito este que não pode deixar de

---

[137] Vide Marinoni, Luiz Guilherme. Tutela Antecipatória, Julgamento Antecipado e Execução Imediata da Sentença e Laspro, Oreste Nestor de Souza. Duplo Grau de Jurisdição no Direito Processual Civil. Garantia do Tratamento Paritário das Partes. In: *Garantias Constitucionais do Processo Civil*. coord. José Rogério Cruz e Tucci. São Paulo: Revista dos Tribunais, 1999. Em sentido contrário, Berni, Duílio Landell de Moura. O Duplo grau de jurisdição como garantia constitucional.

ser levado em consideração quando se pensa em 'garantir' a segurança da parte através da instituição da 'dupla revisão'".[138] A observação é correta, porém, *data venia*, não é suficiente para descaracterizar o duplo grau enquanto garantia constitucional, pois não é o fato de exceções serem toleradas que desnatura a norma princípio.

Na jurisprudência do Supremo Tribunal Federal, o duplo grau de jurisdição ocupa um lugar curioso. Embora a Corte reconheça que, por força do art. 5º, §2º, da Carta Magna, o princípio previsto no art. 8º, 2, h, do Pacto de São José da Costa Rica estaria incorporado ao ordenamento.[139] E que "a garantia do devido processo legal engloba o direito ao duplo grau de jurisdição"[140] ainda não se lhe empresta status constitucional, prevalecendo a orientação de que "não há, no ordenamento jurídico-constitucional brasilei-

---

[138] *Manual do Processo de Conhecimento*, p. 505.

[139] HC 88.420, Rel. Min. Ricardo Lewandowsky. DJ: 08.06.2007, p. 37. Com efeito, o Pacto de San José é claro ao preconizar no art. 8, n. 2, alínea *h*, o "derecho de recurrir del fallo ante juez o tribunal superior".

[140] Mesmo precedente acima, assim ementado: "*HABEAS CORPUS*. PROCESSO PENAL. SENTENÇA CONDENATÓRIA. RECURSO DE APELAÇÃO. PROCESSAMENTO. POSSIBILIDADE. DESNECESSIDADE DE RECOLHIMENTO DO RÉU À PRISÃO. DECRETO DE CUSTÓDIA CAUTELAR NÃO PREJUDICADO. PRISÃO PREVENTIVA SUBSISTENTE ENQUANTO PERDURAREM OS MOTIVOS QUE A MOTIVARAM. ORDEM CONCEDIDA I – Independe do recolhimento à prisão o regular processamento de recurso de apelação do condenado. II – O decreto de prisão preventiva, porém, pode subsistir enquanto perdurarem os motivos que justificaram a sua decretação. III – A garantia do devido processo legal engloba o direito ao duplo grau de jurisdição, sobrepondo-se à exigência prevista no art. 594 do CP. IV – O acesso à instância recursal superior consubstancia direito que se encontra incorporado ao sistema pátrio de direitos e garantias fundamentais. V – Ainda que não se empreste dignidade constitucional ao duplo grau de jurisdição, trata-se de garantia prevista na Convenção Interamericana de Direitos Humanos, cuja ratificação pelo Brasil deu-se em 1992, data posterior à promulgação Código de Processo Penal. VI – A incorporação posterior ao ordenamento brasileiro de regra prevista em tratado internacional tem o condão de modificar a legislação ordinária que lhe é anterior. VII – Ordem concedida".

ro, a garantia constitucional do duplo grau de jurisdição", pela "prevalência da Constituição Federal em relação aos tratados e convenções internacionais",[141] cujos argumentos centrais foram expendidos pelo Min. Sepúlveda Pertence (RHC 70.785/RJ, j. 29.03.2000).[142]

---

[141] AI-AgRg 513.044/SP, 2ª Turma, Rel. Ministro Carlos Velloso, j. 22.02.2005.

[142] É significativo, para se compreender o entendimento do Supremo Tribunal Federal à época do julgamento, o seguinte trecho da ementa: "Para corresponder à eficácia instrumental que lhe costuma ser atribuí-da, o duplo grau de jurisdição há de ser concebido, à moda clássica, com seus dois caracteres específicos: a possibilidade de um reexame integral da sentença de primeiro grau e que esse reexame seja confiado à órgão diverso do que a proferiu e de hierarquia superior na ordem judiciária. 2. Com esse sentido próprio – sem concessões que o desnaturem – não é possível, sob as sucessivas Constituições da República, erigir o duplo grau em princípio e garantia constitucional, tantas são as previsões, na própria Lei Fundamental, do julgamento de única instância ordinária, já na área cível, já, particularmente, na área penal. 3. A situação não se alte-rou, com a incorporação ao Direito brasileiro da Convenção Americana de Direitos Humanos (Pacto de São José), na qual, efetivamente, o art. 8º, 2, h, consagrou, como garantia, ao menos na esfera processual penal, o duplo grau de jurisdição, em sua acepção mais própria: o direito de "toda pessoa acusada de delito", durante o processo, "de recorrer da sentença para juiz ou tribunal superior". 4. Prevalência da Constitui-ção, no Direito brasileiro, sobre quaisquer convenções internacionais, incluídas as de proteção aos direitos humanos, que impede, no caso, a pretendida aplicação da norma do Pacto de São José: motivação. II. A Constituição do Brasil e as convenções internacionais de proteção aos direitos humanos: prevalência da Constituição que afasta a aplicabilida-de das cláusulas convencionais antinômicas. 1. Quando a questão – no estágio ainda primitivo de centralização e efetividade da ordem jurídi-ca internacional – é de ser resolvida sob a perspectiva do juiz nacional – que, órgão do Estado, deriva da Constituição sua própria autoridade jurisdicional – não pode ele buscar, senão nessa Constituição mesma, o critério da solução de eventuais antinomias entre normas internas e normas internacionais; o que é bastante a firmar a supremacia sobre as últimas da Constituição, ainda quando esta eventualmente atribua aos tratados a prevalência no conflito: mesmo nessa hipótese, a primazia derivará da Constituição e não de uma apriorística força intrínseca da convenção internacional. 2. Assim como não o afirma em relação às leis, a Constituição não precisou dizer-se sobreposta aos tratados: a hierar-quia está ínsita em preceitos inequívocos seus, como os que submetem

De toda sorte, em que pese os fundados argumentos da doutrina e da jurisprudência do Supremo Tribunal Federal, algumas observações devem ser trazidas. Como mencionado, ainda que a Constituição tenha se proposto a apontar princípios de direito em seu seio, tem-se que essa enumeração seja materialmente aberta, nada impedindo a existência de semelhantes mandados de otimização, colhidos do conjunto do sistema normativo. A partir dessa constatação – no sentido de que os comandos positivados de determinada cultura jurídica jamais poderão ser integralmente vertidos para palavras, razão pela qual não será porque há, ou não, previsão expressa que uma norma deixará ou passará a integrar o sistema normativo – não soa razoável pretender negar a natureza constitucional do duplo grau de jurisdição, pela singela razão de não se encontrar explicitamente na Constituição.

Assim, vênia deferida de entendimento diverso, não impressiona a ausência de preceito expresso contemplando como e enquanto garantia o primado do duplo grau de jurisdição, hala vista que esse, em verdade, se constitui em princípio integrante não apenas de nossa cultura jurídica, mas, mais do que isso, de nosso ordenamento por via reflexa, pois decorre do processo eqüitativo constitucionalmente previsto, do acesso à justiça e da própria estruturação do sistema da organização judiciária nacional posta na Constituição Federal, a qual prevê juízos ordinários e extraordinários. Aos primeiros, admite-se um "acesso irrestrito", haja vista que, se atendidos pressupostos de admissibilidade, ter-se-á as decisões de primeiro grau revistas por outro juízo hierarquicamente superior; aos segundos, de sua parte, há algum controle para o "acesso adequado", exata-

---

a aprovação e a promulgação das convenções ao processo legislativo ditado pela Constituição e menos exigente que o das emendas a ela e aquele que, em conseqüência, explicitamente admite o controle da constitucionalidade dos tratados (CF, art. 102, III, *b*)".

mente pelo interesse público acentuado no funcionamento das Cortes Políticas.

Outro argumento que não deve impressionar reside na eventualidade de decisões irrecorríveis, inclusive acórdãos proferidos pelo exercício de competência originária, tanto na área penal, quanto civil ou trabalhista. Essa realidade apenas serve para demonstrar a idéia de que as garantias não são absolutas e que, vez por outra, em circunstâncias especiais, comportam flexibilização ou mitigação, em prol da realização de outros princípios constitucionais. Com efeito, muitas vezes o próprio acesso à justiça e a duração razoável do processo podem ser comprometidos pelo número excessivo de recursos admitidos pelo sistema. Em outra sede, inclusive manifestamos nossa opinião no sentido de que o atual sistema recursal é insuficiente para proporcionar acesso efetivo à justiça, merecendo revisão para simplificá-lo e permitir a célere aplicação do direito pelo julgador que está mais próximo dos jurisdicionados.[143]

Contudo, em que pese nosso firme posicionamento no sentido da inconveniência de se ampliar o duplo grau de jurisdição – e a conveniência de se limitar o acesso recursal – isso não é suficiente para justificar o afastamento do duplo grau do sistema constitucional, especialmente em sede de processo penal.[144] Ele existe e está arraigado na tradição brasileira, porém sua limitação pela intervenção legislativa

---

[143] *Manual dos Recursos Cíveis*. Porto Alegre: Livraria do Advogado.

[144] A Convenção de Salvaguarda dos Direitos do Homem e das Liberdades Fundamentais, no protocolo n° 7, art. 2°, limitou o duplo grau ao processo penal: "Article 2 – Droit à um doublé degré de juridiction en matiére pénale. 1. Toute personne déclarée coupable d´une infraction pénale par un tribunal a le droit de faire examiner par une juridiction supériéure la déclaration de culpabilité ou la condamnation. L´exercise de ce droit, y compris le motifs pour lesquels il peut être exercé, sont régis par la soi. 2. Ce droit peut faire l´objet d´exceptions pour des infractions mineures telles qu´elles sont définies par la loi ou lorsque l´intéressé a été jugé en première instance par la plus haute juridiction ou a été declaré coupable et condamné à la suite d´un recours contre son acquittement ".

é plenamente constitucional, quando atende outros princípios constitucionais.[145] Nesta medida, adequado observar que as leis e as decisões jurisdicionais que limitarem acesso ao duplo grau de jurisdição, em princípio, podem ter sua constitucionalidade discutida, pelas tradicionais vias de controle difuso (Recurso Extraordinário, art. 102, III, "a", CF)[146] e do concentrado (Ação Direta de Inconstitucionalidade ou outra ação irmã).

Desta forma, em que pese o duplo grau ser limitado pela legislação infra-constitucional (desde que em prol da afirmação de outros direitos fundamentais e preservado seu núcleo essencial), encontra assento constitucional no sistema brasileiro.

---

[145] Jorge Miranda admite a existência do duplo grau no sistema português, a despeito de não constar expressamente na Constituição de 1976: "afora isto, o que se pode retirar das disposições conjugadas dos arts. 20° e 210° da Constituição é que existe um genérico direito de recorrer dos actos jurisdicionais, cujo preciso conteúdo pode ser traçado pelo legislador ordinário, com maior ou menor amplitude. Ao legislador ordinário estará vedado, exclusivamente, abolir o sistema dos recursos in totum ou afectá-lo substancialmente". *A Tutela jurisdicional dos direitos fundamentais em Portugal*, p. 299.

[146] Muito embora o art. 102, inciso III, da Carta Magna, faça expressa referência às hipóteses de cabimento do apelo extremo, não nos parece desarrazoado encontrar na alínea "a" fundamento à pretensão recursal extraordinária, pois contrariar princípio imanente à Constituição representa muito mais que contrariar um simples dispositivo desta. Assim, se o menos enseja recurso, por evidente que o mais também deverá ensejá-lo.

Lições de Direitos Fundamentais no Processo Civil

Capítulo 10 – Duração razoável do Processo (5º, LXXVIII, CF)

1. Antecedentes históricos e a recente recepção constitucional

A incorporação constitucional da duração razoável, enquanto direito fundamental, é recente. Como é sabido, ocorreu com a Emenda Constitucional nº 45/2004. Segundo o inciso LXXVIII do art. 5º, "a todos, no âmbito judicial e administrativo, são assegurados a razoável duração do processo e os meios que garantam a celeridade de sua tramitação". Cumpre recordar, no entanto, que, por força do § 2º do art. 5º, CF, e pela previsão no art. 8º, nº 1, da Convenção Americana sobre Direitos Humanos, a duração razoável já poderia ser reconhecida na ordem constitucional.

A recepção do direito fundamental à tutela tempestiva percorreu um caminho interessante. Suas primeiras manifestações ocorreram na seara criminal, pelo sentimento de injustiça ocasionado pela manutenção de prisões provisórias, antes dos julgamentos definitivos, por tempo excessivo. Marcelo Terra Reis identifica no Habeas Corpus Act um expressivo precedente de aspiração a um julgamento célere, embora registre que, já no século V, há notícia de que Justiniano tenha criticado o fato de alguns processos demorarem mais do que a própria vida dos litigantes e que Constantino fixara em um ano o prazo para o desenvolvimento de um feito criminal.[147]

Nos sistemas comparados, encontra-se a manifestação do princípio em inúmeras Constituições e Tratados. Na Constituição Italiana, ele está presente no art. 111 (" durata ragionevole"). Na Carta Portuguesa, o art. 20 garante uma "decisão em prazo razoável". Na Espanha, é garantido o direito ao processo sem "dilaciones indebidas" (art. 24). A adoção brasileira, portanto, segue a linha esboçada nos ordenamentos ocidentais.

Uma projeção natural do direito à "durata ragionevole" é a adoção de meios adequados para a composição dos litígios. Outra é a coibição de dilações indevidas.[148] Deve o operador, em especial o magistrado, verificar a pertinência de cada medida sugerida pelas partes e, cumprindo com seu ofício constitucional, indeferir motivadamente aquelas que se mostrarem protelatórias. Cada ato processual somente é justificado pela utilidade. Quando não existe razão fundada para se concluir pela utilidade de qualquer ato, data venia, é ilegítima sua realização por representar ofensa a garantia constitucional.

Outro fator a ser sopesado é a condição objetiva e subjetiva da causa. Ou seja, somente à luz do caso concreto, com a análise dos sujeitos e do direito posto em causa, é que se poderá aquilatar qual o tempo razoável para a efetivação da prestação jurisdicional. De um lado, em face de certas peculiaridades, trinta dias podem ser excessivos. De outro, um ano pode se amoldar à exigência constitucional. Um cidadão de 85 anos não tem as mesmas expectativas de outro de 20, uma carga de camarão precisa de análise

---

[147] Tempestividade da Prestação Jurisdicional como Direito Fundamental, p. 201. No texto, o autor identifica outros antecedentes no direito comparado.

[148] Tucci, José Rogério Cruz e. *Tempo e Processo*. São Paulo: RT, 1997, p. 63 e ss.

Lições de Direitos Fundamentais no Processo Civil

mais pronta frente a um carregamento de pneus, etc. Estes exemplos, embora singelos, demonstram que o respeito às diferenças deve ser tomado em consideração, para propiciar a duração razoável.

2. A necessária comparação entre a ampla defesa e a duração razoável

É freqüente, em sede acadêmica, o cotejo entre a duração razoável e a ampla defesa. Em tese, poderia se argumentar que, tanto maior a possibilidade de defesa, quanto menor a celeridade do feito. Obviamente essa consideração peca pela generalidade e, como tal, é um raciocínio simplista. Embora possa parecer a alguns juristas ingênua a assertiva de que em muitas hipóteses o réu também é prejudicado pela demora do processo, *data venia*, ela se confirma em inúmeros casos, especialmente diante de pessoas físicas, as quais são atingidas emocionalmente pela própria existência do processo. A rápida definição do litígio, assim, interessa a todas as partes que atuam de boa fé. E apenas beneficiam aqueles que almejam protelar a prestação e se valer ilegitimamente do tempo como moeda de troca.[149]

Sobre o direito de defesa, o importante é prestigiá-lo como uma conquista histórica. Entretanto, limitá-lo em sua formatação, de sorte que todo o cidadão possua meios razoáveis – e não abusivos – para proteger sua esfera jurídica. Como qualquer outro direito, também a am-

---

[149] Atualmente, embora exista orientação do STJ no sentido de se aplicar a Selic para a atualização dos valores devidos (inteligência do art. 406, CCB), muitos Tribunais ainda remuneram o capital pelo índice IGPM e juros mensais de 1%, de sorte que não raro as indenizações são recebidas com satisfação pelos credores, os quais não conseguiriam, com os investimentos tradicionais, idêntica vantagem.

pla defesa não é infinita e merece ser analisada em visão de conjunto.[150]

· Assim como o autor pode ser prejudicado pelo reconhecimento e oferecimento tardio de seu direito, também o réu pode sê-lo. Figure-se a hipótese de decisão provisória satisfativa, que priva o demandado da fruição do direito enquanto tramita o processo, ser revertida na sentença final da causa. Atualmente, com a profusão de liminares, o custo do tempo do processo pode ser bem repartido. De igual sorte, o risco distribuído entre as partes.

A compreensão do comando constitucional passa pela idéia de utilidade da jurisdição. Efetivamente, deverá o processo ter duração que não importe no fenecimento do direito posto em causa, vale dizer: a jurisdição deverá agir e concretizar o direito controvertido dentro de um tempo apto ao gozo desse direito. Do contrário, a promessa constitucional de acesso jurisdicional não alcança a realidade, prejudicando a confiança social na administração da justiça. E poucos fatos são tão lamentados pelo cidadão quanto o reconhecimento tardio e inútil de seu direito. A injustiça, nessas hipóteses, ocorre duas vezes: pela ameaça ou agressão pretérita e pela resposta jurisdicional tardia e ineficaz.

---

[150] Como pondera Dalmo Dallari, "a garantia da plenitude do direito de defesa é hoje reconhecida como um direito humano fundamental e característica necessária a uma ordem jurídica democrática. Entretanto, a partir desse princípio salutar tem havido muitos exageros, que, em certos casos, comprometem o próprio direito de defesa, pois quando é dada a possibilidade de questionar várias vezes os mesmos pontos e quando esse questionamento pode referir-se a pormenores formais, a discussão sobre os direitos sempre acaba prejudicada (...) em nome da plenitude do direito de defesa e da garantia de uma decisão imparcial, vêm-se sobrecarregando e complicando os mecanismos judiciários, contribuindo consideravelmente para que as ações judiciais sejam caras, demoradas e, frequentemente, se afastem do ponto central do litígio". *Poder dos Juízes*, p. 104-105.

Lições de Direitos Fundamentais no Processo Civil

3. A duração razoável e as últimas reformas

As reformas processuais, especialmente aquelas verificadas a partir da década de 1990, invariavelmente são justificadas no plano teórico pela necessidade de se agilizar o procedimento. A prática confirma que algumas experiências foram bem sucedidas. Outras, nem tanto. O chamado "sincretismo" introduzido pela Lei 11.232/05 em boa hora suprimiu a exigência de nova relação processual para o cumprimento do julgado. A imposição da "repercussão geral", enquanto requisito de admissibilidade do recurso extraordinário (art. 543-A e B), é outra medida a ser aplaudida para a racionalização dos processos. Entretanto, idêntico benefício não foi observado com a introdução do julgamento monocrático (e a previsão de recorribilidade), pelo art. 557.[151] Igualmente problemática é a previsão do não recebimento da apelação, quando a sentença estiver fundamentada em enunciados da súmula dos Tribunais Superiores (art. 518, § 1º), pois a admissão de um complexo iter recursal, a começar pelo agravo de instrumento, impede a visualização de vantagens práticas.

Não são poucos os doutrinadores que, analisando as últimas reformas, chegam a conclusão de que o resultado foi discreto. O augusto professor Araken de Assis, ilustrativamente, indaga quais os frutos produzidos pelo labor legislativo. E responde que "infelizmente, se o objetivo das reformas tende a alcançar a efetividade, e a economia de tempo e esforços em cada processo é um dos fatores de-

---

[151] A constitucionalidade da norma é reconhecida nos pronunciamentos do STF: "O julgamento do recurso por decisão monocrática, com base no art. 557 do Código de Processo Civil, não gera ofensa ao princípio da ampla defesa e do contraditório. Não obstante o reconhecimento da importância da sustentação oral como elemento de defesa, a necessidade de racionalização do funcionamento dos tribunais impõe a instituição de mecanismos que tornem dinâmica a prestação jurisdicional". (1ª Turma, HC 88.730/RJ, Rel. Min. Ricardo Lewandowski. DJ: 07.12.2006, p. 52)

terminantes para o sucesso da empreitada, torna-se imperioso reconhecer o efeito contrário da imensa maioria das erráticas alterações".[152] Contudo, reconhece o autor que "impõe-se persistir no afã reformista, afinal a única vereda promissora para tornar efetiva a proposição do art. 5º, XXXVIII, da CF/88 e obter a almejada duração razoável do processo", sendo importante a realização de estudos prévios para municiar o legislador com dados empíricos.[153]

Embora polêmico, ao estabelecer a idade de 60 anos, o Estatuto do Idoso (art. 71), oferecendo o trâmite preferencial dos processos em que ele é parte, tenta re-equilibrar o pesado custo do processo para a população da "melhor idade". Em igual sentido, a previsão do Estatuto da Criança e do Adolescente, fixando o prazo de 45 dias para a conclusão dos procedimentos, caso o adolescente encontre-se internado, é de ser aplaudida. São medidas paliativas, mas que vêm trazendo em milhares de processos benefícios importantes.

Todavia, é por todos sabido que a superação da morosidade somente será alcançada com medidas de cunho social e econômico, que reduzam o número excessivo de processos que hoje se encontram em tramitação, e pelo contínuo aparelhamento e capacitação do Poder Judiciário. Isso não impede, contudo, que medidas pontuais sejam tomadas, tendo como norte o princípio constitucional da duração razoável.

---

[152] *Duração Razoável do processo e reformas da lei processual civil*, p. 24.
[153] Op. cit., p. 26.

Lições de Direitos Fundamentais no Processo Civil

Capítulo 11 – **Coisa julgada (5º, XXXVI, CF)**

1. A segurança jurídica e o direito processual

A coisa julgada, ao lado do ato jurídico perfeito e do direito adquirido, é um dos tradicionais símbolos da segurança jurídica (art. 5º, XXXVI, CF). A preocupação com a previsibilidade dos atos estatais, como forma de transmitir segurança para que os cidadãos desenvolvam seus projetos de vida, é antiga. Em um dos marcos da época contemporânea, o preâmbulo da Constituição Francesa de 1793 já constava que "a segurança jurídica consiste na proteção conferida pela sociedade a cada um de seus membros para conservação de sua pessoa, de seus direitos e de suas propriedades".

No direito brasileiro, a segurança jurídica também possui status constitucional, quando no preâmbulo vem anunciada como um valor caríssimo à sociedade: "nós, representantes do povo brasileiro, reunidos em Assembléia Nacional Constituinte para instituir um Estado Democrático, destinado a assegurar o exercício dos direitos sociais e individuais, a liberdade, a segurança, o bem-estar, o desenvolvimento, a igualdade e a justiça como valores supremos de uma sociedade fraterna, pluralista e sem preconceitos, fundada na harmonia social e comprometida, na ordem interna e na ordem internacional, com a solução pacífica das controvérsias, promulgamos, sob a proteção de Deus, a seguinte Constituição da República Federativa do Brasil".

Analisando os contornos da segurança jurídica, ao longo de seu desenvolvimento doutrinário e jurisprudencial, o professor Luis Roberto Barroso enumera um "conjunto abrangente de idéias e conteúdos, que incluem: 1. a existência de instituições estatais dotadas de poder e garantias, assim como sujeitas ao princípio da legalidade; 2. a confiança nos atos do Poder Público, que deverão reger-se pela boa-fé e pela razoabilidade; 3. a estabilidade das relações jurídicas, manifestada na durabilidade das normas, na anterioridade das leis em relação aos fatos sobre os quais incidem e na conservação de direitos em face da lei nova; 4. a previsibilidade dos comportamentos, tanto os que devem ser seguidos como os que devem ser suportados; 5. a igualdade na lei e perante a lei, inclusive com soluções isonômicas para situações idênticas ou próximas".[154]

Em sede processual, com apoio nas normas do Código de Processo Civil, a coisa julgada desempenha um importante papel em defesa da segurança jurídica, uma vez que se destina a perenizar as situações normadas, imunizando-as frente às naturais irresignações dos supostos prejudicados.[155]

---

[154] Em algum lugar do passado: segurança jurídica, direito intertemporal e o novo Código Civil, p. 133. In: *Temas de Direito Constitucional. Barroso*, Luís Roberto. Rio de Janeiro: Renovar, 2005.

[155] Em face dessa realidade, o STF em reiterados julgados considera que a alegação de malferimento à coisa julgada deve ser enfrentada pelo STJ, dada a divisão constitucional de competência. Veja-se a consideração do Min. Eros Grau: "a jurisprudência do Supremo Tribunal Federal é firme no sentido de que" as alegações de desrespeito aos postulados da legalidade, do devido processo legal, da motivação dos atos decisórios, do contraditório, dos limites da coisa julgada e da prestação jurisdicional podem configurar, quando muito, situações de ofensa meramente reflexa ao texto da Constituição, circunstância que não viabiliza o acesso à instância extraordinária". AC 1264/CE, DJ 28.06.2006, p. 14.

Lições de Direitos Fundamentais no Processo Civil

Contudo, sua definição é problemática. Há, inclusive, quem entenda ser a conceituação de coisa julgada algo por demais complexo a ponto de afirmar ser impossível defini-la.[156] Na Lei de Introdução ao Código Civil vem definida, no art. 6º, § 3º, como a "decisão judicial de que já não caiba recurso". Conquanto simplificada, transmite sua principal função: evitar que a decisão seja eficazmente atacada. A coisa julgada, para se valer de históricas metáforas, é o selo ou a capa protetora do julgado que o livra de rediscussões. Desta forma, no momento em que uma decisão transita em julgado, o próprio sistema trata de imunizá-la de ataques futuros, a fim de que as partes possam obter um mínimo de segurança na organização do porvir. Esta qualidade que se agrega à sentença recebe o nome de coisa julgada.

A coisa julgada decorre de um imperativo social. Não é possível conviver por largo tempo – ou eternamente – com a insegurança na aplicação do direito. Este estado de incerteza ocasionado pela tramitação do processo deve se encerrar o quanto antes, a fim de que os cidadãos possam levar sua vida adiante. Sem tal tranqüilidade, derivada da certificação judicial dos direitos, inviável seria o progresso, na medida em que todas as relações jurídicas estariam perenemente controvertidas.

2. A tradicional divisão entre coisa julgada formal e coisa julgada material

Usualmente, a doutrina e a jurisprudência apontam dois estágios da coisa julgada.

Enquanto ato do processo, a sentença é protegida contra alterações pela máxima preclusão recursal. A sentença torna-se imutável no feito em que é proferida, desimpor-

---

[156] Bermudes, Sérgio. *Iniciação ao Estudo de Direito Processual Civil*. Rio de Janeiro: Líber Juris, 1973, p. 91/2.

tando se definitiva (com análise de mérito) ou meramente terminativa (com o reconhecimento da inadmissibilidade da tutela jurisdicional). Correta ou equivocada a decisão, com a capa protetora, adquire estabilidade no feito em que foi prolatada. A este primeiro fenômeno, do trânsito em julgado, cunha-se a expressão *coisa julgada formal* para referir justamente a impossibilidade de sua rediscussão no bojo do processo em que é proferida.

Todavia, pode ocorrer que esta sentença – trânsita em julgado – tenha dirimido o suposto conflito que ligava as partes. Nessa hipótese, costuma-se falar que houve a formação da coisa julgada material, que é constituída pela coisa julgada formal acrescida da análise de mérito. Agora, o pronunciamento judicial estará a salvo de reforma tanto no processo em que é proferido, quanto em qualquer outro, pois a parte já recebeu a adequada resposta jurisdicional (provimento meritório).

Conseqüência prática desta distinção é que a coisa julgada meramente formal não impede a propositura de "nova" demanda, ainda que igual à anterior (isto é, com os mesmos elementos anteriores: partes, causa de pedir e pedido), pois sua imutabilidade estava restrita ao processo em que fora proferida. Já a coisa julgada material protege o resultado prático do processo de qualquer rediscussão útil. Caso qualquer das partes tente desconhecer a autoridade da coisa julgada material, poderá a outra ou o próprio magistrado de ofício, extinguir os processos futuros, a fim de preservá-la.[157]

---

[157] Como já referido em sede doutrinária, "a diferença básica entre uma e outra é que: a coisa julgada formal limita sua eficácia ao processo onde a decisão foi proferida, enquanto a coisa julgada material projeta sua eficácia para fora do processo onde foi prolatada a decisão, tornando-a imutável, não apenas no processo originário, mas em qualquer outro que porventura venha a ser iniciado, tudo com o fito de estabilizar definitivamente a relação jurídica que se controverteu". Sérgio Gilberto Porto. Classificação de ações, sentenças e coisa julgada. In: *RJ* n° 203 – set./94, p. 112.

3. A delimitação objetiva e subjetiva da coisa julgada

Com o estudo dos limites objetivos e subjetivos da coisa julgada material, procura-se responder a duas indagações: o que da sentença torna-se imutável e quem já não mais poderá rediscuti-la.

A análise dos limites objetivos da coisa julgada parte do art. 469, CPC, quando afirma que não fazem coisa julgada: "I – os motivos, ainda que importantes para determinar o alcance da parte dispositiva da sentença; II – a verdade dos fatos, estabelecida como fundamento da sentença; III – a apreciação da questão prejudicial, decidida incidentemente no processo".

A partir dessa opção legislativa, concluiu-se, segundo entendimento legislado,[158] que apenas a parte dispositiva da sentença estaria acobertada pelo selo da imutabilidade, muito embora se deva reconhecer que "se é correto dizer que os motivos ainda que importantes não fazem coisa julgada (art. 469), não é menos certo afirmar que o dispositivo se há de entender e dimensionar em razão desses motivos, tanto que o legislador os considera importantes para determinar o alcance da parte dispositiva da sentença".[159] O importante é reconhecer que a parte dispositiva se relaciona mais intimamente com a solução do litígio, razão pela qual, dentro da perspectiva do processo civil de resultados, deve ser resguardada com maior ênfase.

---

[158] Ressalva-se a idéia de coisa julgada à hipotese da disciplina legal no texto, na medida em que há debate candente em sede doutrinária sobre a real identificação dos limites objetivos da coisa julgada. Parcela da doutrina sustenta que o conteúdo da sentença adquire autoridade de coisa julgada e outra sustenta que apenas o elemento declaratório tem capacidade para atingir o estado de indiscutibilidade. Sobre o tema, Sérgio Gilberto Porto, in: *Coisa Julgada Civil*, p. 74 e ss.

[159] Ovídio Baptista da Silva. Limites objetivos da coisa julgada no atual direito brasileiro, p. 136. In: *Sentença e Coisa Julgada*. 4. ed. Rio de Janeiro: Forense, 2003.

Quanto aos limites subjetivos, via de regra, a sentença é proferida para os sujeitos que participam do contraditório. Por conseguinte, a esses não será dado pretender a rediscussão da causa, pois o pronunciamento fora tomado mediante suas influências. Daí o acerto da regra inserta no art. 472, CPC: "a sentença faz coisa julgada às partes entre as quais é dada, não beneficiando, nem prejudicando terceiros. Nas causas relativas ao estado de pessoa, se houverem sido citados no processo, em litisconsórcio necessário, todos os interessados, a sentença produz coisa julgada em relação a terceiros".

Esse é o raciocínio geral válido para as demandas individuais, pois, nos ordenamentos que regulam o processo coletivo, a solução adotada necessariamente deve ser diversa, para o fim de atender os bens da vida nele protegidos (p. ex. ação popular, Lei n° 4.717/65, art. 18, Ação Civil Pública, Lei n° 7.347/85, art. 16 e Código de Defesa do Consumidor, art. 103). Nesses diplomas, observa-se a criação de mecanismos eficazes para tutelar os interesses supraindividuais, como a coisa julgada *secundum eventum litis, ultra partes, in utilibus,* etc.

Com efeito, o regramento atual do Código de Processo Civil é voltado para a resolução dos litígios individuais, tal como se apresentavam na realidade forense da década de 1970. Passadas mais de três décadas desde sua promulgação, nota-se com clareza a falta de um diploma para atender os direitos coletivos. É por isso que diversos professores se ocupam da elaboração de outro Código, para sistematizar o processo coletivo, que hoje se encontra fragmentado em leis, medidas provisórias e decisões judiciais sem a perspectiva de unidade.[160]

---

[160] Destaca-se o trabalho de Antonio Gidi, Ada Pellegrini Grinover e Aluísio de Castro Mendes, conduzindo projetos e estudos sobre o problema da tutela coletiva.

Lições de Direitos Fundamentais no Processo Civil

4. Existiriam limites temporais?

O debate sobre os limites da coisa julgada, porém, não se encerra na identificação do alcance subjetivo e objetivo da decisão passada em julgado, muito embora corriqueiramente a matéria seja assim posta. Outrossim, também é necessário identificar os chamados limites temporais da coisa julgada, haja vista que o provimento jurisdicional regula a relação jurídica em determinado tempo, frente a determinado contexto.

Para que isto se perceba, basta que se atente para a matéria referente à coisa julgada quando posta em causa, p. ex., relação jurídica de natureza continuativa, tais como as relações tributárias ou as relações alimentares, nas quais, por abrigarem prestações periódicas, o julgamento regula – evidentemente – apenas a relação jurídica enquanto persistir a obrigação originária, sem, contudo, definitivar as conseqüências e projeções frente a novos fatos nascidos em razão dessa mesma relação jurídica que sofre adequação com o correr da vida.

Portanto, pode-se afirmar com segurança que a idéia da existência de limites temporais para o caso julgado é realidade e não é nova, encontrando, inclusive, qualificado respaldo doutrinário. Na Alemanha, p.ex., a matéria é expressamente tratada, por Othmar Jauernig,[161] o qual aduz: "o caso julgado está triplamente limitado: objectivamente pelo objecto, subjectivamente pelo círculo das pessoas atingidas e temporalmente com respeito ao momento em que se aplica a constatação".

No Brasil, o tema não passou despercebido, embora sob enfoque distinto. Dentre outros, José Maria Tesheiner[162] e Egas Moniz de Aragão também tratam da matéria,

---

[161] Jauerning, Othmar. *Direito Processula Civil*. Tradução de F. Silveira Ramos. 25. ed. Coimbra: Almedina, 2002, § 63.

[162] Tesheiner, José Maria Rosa. *Eficácia da Senteça e Coisa Julgada no Processo Civil*. São Paulo: RT, 2001, p. 162 e ss.

afirmando o último que os limites temporais da coisa julgada visam a precisar o momento ao qual sua formação e eficácia estão relacionadas.[163]

Ainda sobre o tema, observa Othmar Jauernig[164] que "a sentença transitada estabelece a situação jurídica apenas em determinado momento, não para todo o porvir; pois normalmente a situação jurídica altera-se mais tarde: o direito é satisfeito e extingue-se, a propriedade reconhecida ao autor é transmitida, etc. A alegação destas alterações não pode ser excluída num novo processo pelo caso julgado".

Portanto, parece de lógica irrefutável a circunstância de que a decisão jurisdicional adquire – ordinariamente – a força de caso julgado em razão de fatos passados (aqueles alegados ou que deveriam ter sido alegados) e não em torno de fatos futuros, vez que esses ensejam, em face da teoria da substanciação, nova demanda, pois representam nova causa de pedir.[165]

Assim, posta a matéria, emerge a existência dos limites temporais da coisa julgada, vez que a projeção de sua incidência também é limitada no tempo dos fatos ou, mais uma vez, na palavra autorizada de Othmar Jauernig: "tudo o que, antes deste momento, podia ser alegado, está excluído num processo posterior (...). Todas as posteriores alterações na configuração dos efeitos jurídicos declarados, não são atingidas pelo caso julgado".[166]

Esta idéia parte da premissa de que a relação jurídica é somente normada nos limites da situação substancial posta à apreciação, vez que pode, com o transcurso do tempo,

---

[163] Moniz de Aragão, Egas. *Sentença e Coisa Julgada*. Rio de Janeiro: Aide, 1992, p.199.

[164] Jauerning, Othmar. *Direito Processula Civil*. Tradução de F. Silveira Ramos. 25. ed. Coimbra: Almedina, 2002, § 63.

[165] Neste sentido, consultar com largo proveito MONIZ DE ARAGÃO, Egas. *Sentença e Coisa Julgada*. Rio de Janeiro: Aide, 1992, p. 198/200.

[166] Jauerning, Othmar. *Direito Processual Civil*. Tradução de F. Silveira Ramos. 25. ed. Coimbra: Almedina, 2002, § 63.

sofrer alterações fáticas. Contudo, deve ser registrado que essa limitação não ocorre apenas quando a relação jurídica controvertida for tipicamente continuativa, tais as antes citadas, ou seja, as alimentares e tributárias, dentre outras que possam existir igualmente de periodicidade intrínseca. Com efeito, também as relações não marcadamente continuativas estão sujeitas às variações temporais, haja vista que toda a relação jurídica possui, com maior ou menor intensidade, a presença da cláusula *rebus sic stantibus*. A mudança da situação substancial, portanto, situa-se fora do alcance temporal da coisa julgada, vez que essa não regula para sempre a relação jurídica, mas apenas regula a situação substancial apreciada em face da relação jurídica existente.

Nesta linha, é, pois, possível afirmar que a coisa julgada tem sua capacidade eficacial também limitada pela equação tempo da decisão/fatos apreciados, ou, ainda, mais precisamente, quer as conseqüências jurídicas estejam sujeitas a adequações em face da natureza da relação jurídica de direito material ou não, a verdade é que a decisão tem seu alcance também determinado pelo tempo dos fatos que foram considerados ou que deveriam ter sido considerados pela decisão (474, CPC), portanto pré-existentes a essa.

Sobre a eficácia temporal do julgado, Remo Caponi, igualmente, salientava que "si può parlare fondamentalmente in due sensi. Il primo porta a individuare il momento del tempo nel quale la sentenza comincia a produrre i suoi effetti e la loro stabilità. Il secondo concerne l'incidenza dell'efficacia della sentenza passata in giudicato nel tempo delle situazioni sostanziali oggetto del giudizio".[167] Na lição, são apontadas duas formas de eficácia temporal do julgado. Uma vinculada a partir do momento em que a de-

---

[167] Caponi, Remo. *L'Efficacia del Giudicato Civile nel Tempo*: Milão Giuffrè, 1991, p. 3.

cisão começa a produzir efeitos e, outra, exatamente, vinculada à situação substancial normada.

Nesse contexto, a eficácia temporal não se esgota apenas nessa disciplina, vinculada à situação substancial normada ou na mera identificação do termo *a quo* da eficácia da decisão, mas envolve, também, as chamadas condenações para o futuro, onde a decisão consolida sua eficácia não para regular situação jurídica pretérita, mas, sim, projetando sua eficácia para além do imediato, disciplina previamente as conseqüências de eventual comportamento futuro.

Por fim, no que tange aos limites temporais da coisa julgada, de forma objetiva, pode-se afirmar que essa tem sua órbita de incidência temporal balizada: (a) pela relação substancial regulada através da sentença, excluindo-se aquilo que não integrou o círculo de abrangência da causa de pedir (o antes e o depois); (b) pela fixação do momento em que essa adquire eficácia, em face da possibilidade de imposição *erga omnes* das funções positiva e negativa; (c) quando exclusivamente regula relação para o futuro.

5. O dilema da relativização da coisa julgada

A coisa julgada sempre gozou de prestígio nos países ocidentais. É da tradição o respeito pelas sentenças trânsitas, ainda que em seu seio sejam abrigadas, vez por outra, injustiça. Para corrigir esse vício episódico, quando efetivamente graves, o direito sempre contou com mecanismos específicos, como a ação rescisória e a querela *nulitatis*.

Feita a ponderação entre os benefícios de se oferecer uma segunda chance de se corrigir alegadas injustiças manifestas, ao custo da tranqüilidade social, a tendência histórica era a valorização desta em detrimento daquelas, em prol do funcionamento do sistema e da evolução da própria sociedade. Nunca se ignorou, portanto, o erro judiciário, malgrados os esforços de evitá-lo ou minimizar seus efeitos.

Contudo, tendo em vista a existência de pontuais, mas gravíssimos equívocos na aplicação do direito, a doutrina passou a arquitetar uma nova teoria, cujo cerne está na constatação de que a coisa julgada, como as demais garantias constitucionais, precisaria ser relativizada para que outros princípios pudessem ser valorizados. Contestou-se a tradicional lição de Sciaccia, pela qual "la cosa juzgada hace de lo blanco, negro; origina y crea las cosas; trasforma lo cuadrado em redondo; altera los lazos de la sangre y cambia lo falso en verdadero".[168]

Capitaneados por Cândido Rangel Dinamarco, Humberto Theodoro Junior e Juliana Cordeiro de Faria, foram publicados inúmeros ensaios doutrinários sugerindo a reavaliação da coisa julgada e sua relativização quando não houver outro meio possível de oferecer a correção do julgado.[169] A este propósito, Cândido Rangel Dinamarco compartilha sua inquietação, indagando se seria legítimo eternizar injustiças a pretexto de evitar a eternização de incertezas.

As idéias encontraram eco na jurisprudência. O Superior Tribunal de Justiça conseguiu impedir que o Estado de São Paulo pagasse vultosa condenação calculada sobre área maior do que a efetivamente expropriada, em nome da preservação dos princípios da moralidade administrativa e razoabilidade.

---

[168] *Apud* Eduardo Couture. *Fundamentos del derecho procesal civil*, p. 405. 3. ed. Reimpresión. Buenos Aires: De Palma, 1997.

[169] Destacam-se em prol da relatização: "Relativizar a Coisa Julgada Material" , Dinamarco, publicado na Forense, 358/11, e "A coisa julgada inconstitucional e os instrumentos processuais para seu controle" , de Humberto Theodoro Junior e Juliana Cordeiro de Faria, *Revista Íbero-Americana de Direito Público* – RIADP, Vol. III, ano 3, 1º trimestre de 2001.

E levando por base extensa pesquisa, Cândido Rangel Dinamarco apontou os seguintes vetores para pautar o debate: (I) princípio da razoabilidade e da proporcionalidade como condicionantes da imunização dos julgados pela autoridade da coisa julgada material; (II) moralidade administrativa como valor constitucionalmente proclamado e cuja efetivação é óbice a essa autoridade em relação a julgados absurdamente lesivos ao Estado; (III) imperativo constitucional do justo valor das indenizações em desapropriação, quer em favor quer contra o Estado; (IV) zelo pela cidadania e direitos do homem, também residente na Constituição Federal, como impedimento à perenização de decisões inaceitáveis em detrimento dos particulares (mulher que deve carregar o homem nos ombros até o trabalho); (V) fraude e erro grosseiro como fatores que contaminam o processo; (VI) garantia constitucional do meio ambiente ecologicamente equilibrado (Nigro Mazzili); (VII) garantia constitucional do acesso à ordem justa, que repele a perenização de julgados aberrantemente discrepantes dos ditames da justiça e da eqüidade; (VIII) caráter excepcional da disposição de flexibilizar a autoridade da coisa julgada, sem o qual o sistema processual perderia utilidade e confiabilidade.

Posição diversa, valorizando o ideal de segurança jurídica e, por decorrência, inadmitindo a hipótese de relativizar a autoridade da coisa julgada, para além daqueles casos legalmente autorizados (v. g. 485, CPC), é defendida, dentre outros, por José Carlos Barbosa Moreira, Luiz Guilherme Marinoni, Ovídio Baptista da Silva, Araken de Assis e José Maria da Rosa Tesheiner.[170]

---

[170] Neste sentido, v., com proveito, Barbosa Moreira, José Carlos. Considerações sobre a chamada "relativização" da coisa julgada material. In *Revista Síntese de Direito Civil e Direito Processual Civil*, n. 33, jan./fev. 2005, p. 5-28. Assis, Araken de. Eficácia da Coisa julgada inconstitucional. *In Revista Jurídica* n. 301, nov./2002, 7-29. Tesheiner, José Maria Rosa. Relativização da Coisa Julgada. In *Revista do Ministério Público* n. 47, 2002, p. 104-114. Porto, Sérgio Gilberto. Cidadania Processual e

Diante da polêmica que hoje grassa em sede doutrinária e que ameaça a segurança do jurisdicionado, adequada seria a edição de lei alterando alguns dispositivos do Código de Processo, em especial os que versam sobre a ação rescisória. Merece meditação a idéia de transformar o rol das hipóteses de cabimento desta demanda em exemplificativo, para permitir que, diante de graves erros na aplicação do direito, possam as sentenças viciadas ser corrigidas. Outra ponderação diz respeito ao exíguo prazo de dois anos para seu manejo. Em casos extremos, o marco inicial deveria levar em conta o momento em que o prejudicado toma conhecimento do vício que contamina o julgado, e não o trânsito do processo delinqüente. Contudo, ambas as medidas devem ser exaustivamente debatidas pela comunidade, a fim de outorgar maior segurança ao jurisdicionado.[171] Com tais avanços, poderia haver uma relativização mais segura da coisa julgada, pois os parâmetros da ação rescisória orientariam o debate.

Relativização Coisa Julgada. In *Revista Síntese de Direito Civil e Direito Processual Civil* n. 22, mar./abr. 2003, p. 5-13. Silva, Ovídio Baptista da. Coisa Julgada Relativa? In *Revista Jurídica* n. 316, fevereiro 2004, p. 7-18. Marinoni, Luiz Guilherme. O princípio da segurança dos atos jurisdicionais (a questão da relativização da coisa julgada material). In: *Revista Jurídica* n. 317, mar./2004, p. 14-33.

[171] Sobre o tema, com maior profundidade, Sérgio Gilberto Porto. Cidadania Processual e Relativização da Coisa Julgada. In: *RJ* 304, p. 23.

Capítulo 12 – **Devido processo constitucional ou devido processo da ordem jurídica do Estado Democrático de Direito (5º, LIV, CF) como síntese dos princípios materiais constitucionais**

1. O devido processo constitucional brasileiro

Como diagnosticado por Michele Taruffo, três critérios complementares auxiliam a identificação da justiça de uma decisão: (a) a aproximação com os fatos da causa; (b) a identificação das normas atinentes e (c) a justiça procedimental, medida pelo tratamento jurisdicional dos litigantes. Essa constatação de Taruffo aplica-se ao direito brasileiro, o qual, a seu modo, arquitetou um sistema constitucional de justiça processual.[172]

---

[172] O reconhecimento de direitos fundamentais no processo civil, nos países da civil law, é recente. Como sublinha Nicoló Trocker, "nelle costituzione europee di democrazia clássica è soltanto dopo la fine dell´ultimo conflitto mondiale che determinate garanzie attinenti alla funzione giurisdizionale e al processo si impongono come ´fondamentali´ ed invio-

Lições de Direitos Fundamentais no Processo Civil

Obviamente que a idéia brasileira de "devido processo legal" sofreu notável influência da "cláusula do *due process of law*" – acalentada pela *common law* como derivação da expressão *law of the land* desde a Idade Média, pela via da Carta Magna, conquista dos Barões Feudais saxônicos, junto ao Rei João "Sem Terra", no século XII. A literatura demonstra e a realidade apresenta inúmeros casos em que a garantia efetivamente serviu para a tutela maiúscula das liberdades públicas.

A importação, embora saudável em seu conteúdo material, ocasionou algumas dificuldades em solo nacional. Isto porque, mercê da cultura própria de nosso povo (cuja formação constitucional é diversa) e da própria tradução realizada pelo constituinte, gerou alguma perplexidade na comunidade jurídica. Efetivamente, não se deve perder de vista que a importação tem origem no direito anglo-saxão e, por decorrência, instituto originalmente integrante da família jurídica da *common law*, onde a principal fonte do direito é o *stare decisis* (precedente judicial) e não a lei em sentido estrito. Assim, no momento em que é importado um conceito e usada a designação original decorrente de tradução literal, esta circunstância gera deformação, haja vista que o sentido da expressão "legal" constante da designação *due process of law* existente na *common law*, à evidência, não se identifica com o sentido do conceito da expressão legal da *civil law*. O vício metodológico brasileiro foi agravado pela tradicional equiparação entre lei e Direito – e o desprezo pelas outras fontes jurígenas – observado no século XX.

Desta forma, a boa compreensão reclama adequação da importação, aos efeitos de que esta seja efetivamente compreendida não como o devido processo apenas disciplinado pela lei ou que o mero cumprimento das previsões legais garantisse a realização do processo justo, mas,

---

labili nel contesto dei diritti e delle libertà personali dell'individuo". Il Nuovo articolo 111 della costituzione e il 'giusto processo' in materia civile: profili generale, p. 384.

mais do que isso, represente o devido processo disposto pelo sistema constitucional, pelas demais fontes de direito e pela cultura social. A garantia, como observa Nicolò Trocker, não se reduz a uma constitucionalização em sentido formal, mas engloba uma opção cultural, uma postura ideológica, que visa estabilizar certos princípios – idéias cardeais – do processo.[173] Justo não é qualquer processo que se limita a ser regulado, no plano formal, mas sim o processo que se desenvolve consoante parâmetros fixados pelas normas constitucionais e dos valores partilhados pela coletividade.[174]

Como nossa ordem jurídica adota a pluralidade de fontes, para garantir o desenvolvimento respeitoso de uma sociedade multicultural, o intérprete deve estar atento para os costumes, as vontades das partes, a doutrina e a jurisprudência, pois essas fontes, tal qual a lei, assumem funções jurígenas.[175] Por conseguinte, não há como emprestar interpretação restritiva à expressão legal constante da cláusula do devido processo. O devido processo, portanto, é representado pelo conjunto da ordem jurídica e pela formação cultural, representando a síntese de todas as garantias estabelecidas para a realização dos direitos.[176] Daí ser adequado designá-lo de devido processo constitucional ou

---

[173] Op. cit., p. 384.

[174] Assim Nicolò Trocker: "giusto è il processo che si svolge nel rispetto dei parametri fissati dalle norme costituzionale e dei valori condivisi dalla collettività". Op. cit., p. 386.

[175] Não se está a afirmar que no *common law* seja diferente o respeito a pluralidade de fontes.

[176] Nesse sentido, afirma Daniel Mitidiero que "a fórmula mínima do devido processo legal processual brasileiro está em garantir-se a inafastabilidade da jurisdição, o juiz natural, a paridade de armas, o contraditório, a ampla defesa, a publicidade, a motivação da sentença e a duração razoável. Fora daí, fere-se nosso perfil constitucional de processo, desprestigiando-se, pois, a dimensão objetiva dos direitos fundamentais encartados em nosso formalismo processual". *Elementos para uma teoria contemporânea do processo civil brasileiro*, p. 45.

Lições de Direitos Fundamentais no Processo Civil

devido processo da ordem jurídica do Estado Democrático de Direito (1°e 5°, LIV, CF).

O processo brasileiro será eqüitativo quando as garantias constitucionais forem alcançadas, dentro de um viés relacional, isto é, sob uma ótica não estanque, porém globalizada, na qual todos os princípios convivem, uns guiando a formatação dos outros. Nicolò Trocker acertadamente refere que a fórmula do justo processo dá expressão à exigência de coordenar sistematicamente todas as garantias entre si, tornando homogênea a interdependente sua concretização aplicativa.[177]

Diante da natureza sintética do devido processo, ele será justo, no Brasil, quando: (a) o acesso à justiça é assegurado, antes, durante e depois da relação processual; (b) as partes encontrarem condições para exercer o contraditório de maneira proveitosa; (c) os atos do processo forem públicos, para viabilizar o controle do exercício jurisdicional; (d) os provimentos forem motivados adequadamente; (e) os poderes públicos respeitarem os valores da imparcialidade impostos pelo juízo natural; (f) não for tolerada a obtenção de prova por meio ilícito; (g) as partes receberem tratamento paritário ou quando a diferença for criteriosa e juridicamente justificada; (h) for respeitado o duplo grau de jurisdição, ao menos naqueles casos que implicam risco de maior restrição aos direitos fundamentais; (i) for obedecida a coisa julgada; (j) o processo se desenvolver em tempo razoável, propiciando aos litigantes desfrutarem dos direitos reconhecidos; e, ainda, (l) os princípios reconhecidos em Tratados Internacionais ou compatíveis com a dignidade da pessoa humana e com o Estado Republicano forem também respeitados.

Sobre esta última exigência, deve ser recordado que a Constituição Brasileira, no conhecido art. 5°, estabelece um catálogo aberto dos direitos fundamentais.[178] Isto por-

---

[177] Op. cit., p. 410.

[178] Sobre a abertura material do catálogo, consultar com largo proveito: Sarlet, Ingo Wolfgang. *Eficácia dos Direitos Fundamentais*. Porto Alegre: Livraria do Advogado, 1998, p. 81 e ss.

que, "os direitos e garantias expressos nesta Constituição não excluem outros decorrentes do regime e dos princípios por ela adotados, ou dos tratados internacionais em que a República Federativa do Brasil seja parte", na linha do §2°, do mesmo dispositivo.[179] Em face dessa realidade, ao lado das garantias expressas na Carta, em tese, podem ser admitidas outras, com idêntico status, tendo como norte o próprio sistema constitucional.[180]

No direito europeu, é comum a lembrança da Convenção de Salvaguarda dos Direitos do Homem e das Liberdades Fundamentais, a qual desde 1950 apresenta o direito ao processo equativo.[181] Serve a norma de orientação para

---

[179] A doutrina constitucionalista, com razão, aponta uma série de "princípios e direitos implícitos" : "dentre os princípios e direitos designados de implícitos, assumem posição de destaque o princípio da proibição de retrocesso, a garantia e o direito ao mínimo existencial, os direitos à identidade pessoal e genética da pessoa humana, a cláusula geral de tutela de personalidade, o direito à livre orientação sexual, os direitos ao sigilo fiscal e bancário, para ficarmos nos exemplos mais comuns e, em termos gerais, aceitos por expressiva doutrina e jurisprudência, em que pese uma série de controvérsias vinculadas aos exemplos individualmente considerados". Ingo Sarlet. *Breves notas sobre a contribuição dos princípios para a renovação da jurisprudência brasileira*, p. 302.

[180] A ordem jurídica, à evidência, deve ser vista como um todo ou, na feliz expressão do prof. Juarez Freitas: "interpretar o Direito é, invariavelmente, realizar uma sistematização daquilo que aparece como fragmentário e isolado". *A interpretação sistemática*, p. 15. São Paulo: Malheiros, 1995.

[181] O "Droit à un procès équitable" é consagrado no art. 6°, cuja primeira alínea vem assim redigida: "Toute personne a droit à ce que sa cause soit entendue équitablement, publiquement et dans un délai raisonnable, par un tribunal indépendant et impartial, établi par la loi, qui décidera, soit des contestations sur ses droits et obligations de caractère civil, soit du bien-fondé de toute accusation en matière pénale dirigée contre elle. Le jugement doit être rendu publiquement, mais l'accès de la salle d'audience peut être interdit à la presse et au public pendant la totalité ou une partie du procès dans l'intérêt de la moralité, de l'ordre public ou de la sécurité nationale dans une société démocratique, lorsque les intérêts des mineurs ou la protection de la vie privée des parties au procès l'exigent, ou dans la mesure jugée strictement nécessaire par

os ordenamentos internos, os quais amoldam suas Constituições para a recepção do justo processo.

Nesta medida, não é difícil apontar para a existência de um direito constitucional-processual principiológico, que se materializa no devido processo, de onde partem as luzes necessárias para interpretar as regras dos sistemas processuais especializados, bem como os princípios infraconstitucionais próprios dos micro-sistemas processuais.

2. Da aplicação do devido processo constitucional no contencioso administrativo

A incidência do devido processo constitucional nos procedimentos administrativos sempre foi debatida, por representar uma potencial invasão do Judiciário nos demais Poderes da República. A possibilidade da Administração revogar seus próprios atos, quando constatada sua ilegalidade, há décadas é tolerada pelo Direito, tendo sido inclusive editada a súmula 473, no Supremo Tribunal Federal.

Contudo, muitas vezes, o desfazimento de um ato administrativo, ainda que supostamente viciado, atinge a esfera jurídica de diversos cidadãos, que projetam seu futuro, confiando na atmosfera de segurança transmitida pelo Estado. O procedimento administrativo, guiado pelas garantias inerentes ao devido processo constitucional, é um meio de equalizar a exigência de revisão de atos ilegais com a proteção dos sujeitos concretamente atingidos.[182]

le tribunal, lorsque dans des circonstances spéciales la publicité serait de nature à porter atteinte aux intérêts de la justice".

[182] Atenta a possibilidade de abusos, a professora Odete Medauar defende a valorização do devido processo de Direito, também em âmbito administrativo, com a conseqüente observação das garantias fundamentais insculpidas na Carta Constitucional. Vejamos sua moderna lição:

Muito mais do que uma mera formalidade, o procedimento administrativo traduz um método de trabalho que deve oferecer efetiva oportunidade de manifestação aos interessados, afinal somente através do contraditório e do debate, a Administração conseguirá apreciar com clareza a importância de sua atuação no caso concreto. Torna-se o contraditório, portanto, como uma exigência do Estado de Direito, garantindo ao administrado a oportunidade de participar ativamente na formação dos provimentos que eventualmente atingirão sua esfera de direitos.

Já se vê que, diante da complexidade dos fatos discutidos e da gravidade dos efeitos produzidos, para validamente exercer a prerrogativa de revisão de seus atos (mormente quando afetem a esfera jurídica dos administrados), o Poder Público deve seguir um procedimento, propiciando efetiva possibilidade aos administrados de influenciar o convencimento estatal.

Em valioso parecer, reproduzido no acórdão do Recurso Extraordinário nº 108.182/SP, o então membro da Procuradoria da República, Gilmar Mendes bem ressaltou a importância do devido procedimento administrativo prévio: "ressalte-se que não só a complexidade fática ou o caráter controvertido da matéria, mas, sobretudo,a aplicação dos princípios do direito de defesa, da segurança jurídica (Rechssicherheit) e do respeito à boa-fé (Vertrauensschutz) parecem exigir a adoção de procedimento administrativo próprio, nas hipóteses de declaração de nulidade ou de desfazimento de situações constituídas com aparência de legalidade".

"relacionando os incs. LIV e LV, pode-se dizer que o segundo especifica, para a esfera administrativa, o devido processo legal, ao impor a realização do processo administrativo, com as garantias do contraditório e da ampla defesa, nos casos de controvérsia e ante a existência de acusados. No âmbito administrativo, desse modo, o devido processo legal não se restringe às situações de possibilidade de privação de liberdade e de bens. O devido processo legal desdobra-se, sobretudo, nas garantias de contraditório e ampla defesa, aplicadas ao processo administrativo". *Direito Administrativo Moderno*. 6. ed. São Paulo: RT, 2002, p. 206.

Lições de Direitos Fundamentais no Processo Civil

Avançando nesta direção, o Supremo Tribunal Federal já reconheceu a importância de procedimento administrativo prévio com apoio em norma constitucional explícita. No julgamento do Recurso Extraordinário nº 158.543/RS, interpretando o alcance do art. 5º, inciso LV da Constituição Federal, o Min. Marco Aurélio concluiu que o contraditório e a ampla defesa também deveriam ser observados no procedimento administrativo, afinal "o vocábulo litigante há de ser compreendido em sentido lato, ou seja, a envolver interesses contrapostos. Destarte, não tem o sentido processual de parte, a pressupor uma demanda. Este enfoque decorre da circunstância de estar ligado também aos processos administrativos". Asseverou, ainda, o Ministro Relator que "o contraditório e a ampla defesa assegurados constitucionalmente não estão restritos apenas àqueles processos de natureza administrativa que se mostrem próprios do campo disciplinar".[183]

No mesmo sentido, o voto do Min. Carlos Mário Velloso, consolidando pensamento ainda anterior à Carta Política: "tenho, portanto, Sr. Presidente, que sob o pálio da Constituição de 1988, é indiscutível que o devido processo legal aplica-se a qualquer procedimento administrativo em que o patrimônio do administrado possa vir a ser, de qualquer modo, atingido, possa vir a ser, de qualquer modo, desfalcado".

Pelo exposto, conclui-se que o devido processo constitucional também atinge os procedimentos administrativos,

---

[183] Íntegra da Ementa: "Ato administrativo. Repercussões. Presunção de legitimidade. Situação constituída. Interesses contrapostos. Anulação. Contraditório. Tratando-se da anulação de ato administrativo cuja formalização haja repercutido no campo de interesses individuais, a anulação não prescinde da observancia do contraditório, ou seja, da instauração de processo administrativo que enseje a audição daqueles que terão modificada situação já alcançada. Presunção de legitimidade do ato administrativo praticado, que não pode ser afastada unilateralmente, porque e comum a Administração e ao particular". STF, RE 158.543/RS, 2ª T., Rel. Min. Marco Aurélio de Mello, DJ: 06.10.1995, p. 33.135.

com o objetivo de resguardar os direitos fundamentais do cidadão e auxiliar a Administração na valoração da realidade em que irá atuar, pela participação de todos os envolvidos.

Referências bibliográficas

ALEXY, Robert. *Teoria de los Derechos Fundamentales*. Madrid: Centro de Estudos Constitucionales, 1993.

ASSIS, Araken de. *Duração Razoável do processo e reformas da lei processual civil*. Revista Jurídica, v. 372, p. 11-27.

A garantia do Acesso à Justiça. In: *Garantias Constitucionais do Processo Civil*. Coord. José Rogério Cruz e Tucci. São Paulo: Revista dos Tribunais, 1999.

———. Eficácia da coisa julgada inconstitucional. In: *Revista Jurídica* n. 301, nov./2002, p. 7-29.

ÁVILA, Humberto Bergmann. *Teoria dos Princípios*. Da definição à aplicação dos princípios. 2 ed. São Paulo: Malheiros, 2003.

———. A distinção entre princípios e regras e a redefinição do dever de proporcionalidade. In: *Revista Diálogo Jurídico*, Salvador, CAJ – Centro de Atualização Jurídica, v. I, nº 4, julho, 2001. Disponível em: http://www.direitopublico. com.br. Acessado em 20 de outubro de 2003.

BAPTISTA, Carlos Alberto. *A vedação constitucional da prova ilícita*. In: Revista Jurídica nº 300, p. 78-91, out. - 2002.

BACHOF, Otto. *Jueces y Constitución*. Madri: Civitas, 1987.

BLANCO DE MORAIS, Carlos. *Justiça Constitucional*, t. 1. 2. ed. Coimbra: Coimbra Editora, 2006.

BARBOSA, Ruy. *Oração dos Moços*. São Paulo: Martin Claret, 2004.

BARBOSA MOREIRA, José Carlos. *A garantia do Contraditório na atividade de instrução*. RePro 35.

———. A motivação das decisões judiciais como garantia inerente ao Estado de Direito. In: *Temas de Direito Processual*. 2ª série. Rio de Janeiro: Saraiva, 1980.

———. *La igualdad de las partes en el proceso civil*. RePro 44.

BARCELLOS, Ana Paula de. *A eficácia jurídica dos Princípios constitucionais*. Rio de Janeiro: Renovar, 2002.

BARROSO, Luis Roberto. Direitos Fundamentais, colisão e ponderação de valores. In: *Temas de Direito Constitucional*, t. III. Rio de Janeiro: Renovar, 2005.

———. Neoconstitucionalismo e constitucionalização do Direito (O triunfo Tardio do Direito Constitucional no Brasil). In: *Interesse Público* nº 33, set./out. 2005, p. 13/54.

Lições de Direitos Fundamentais no Processo Civil

————. BARCELLOS, Ana Paula de. O começo da história. A nova interpretação constitucional e o papel dos princípios no direito brasileiro. In: *A Nova interpretação constitucional*. Org. Luis Roberto Barroso. Rio de Janeiro: Renovar, 2003.

BEDAQUE, José Roberto dos Santos. Garantia da amplitude de produção probatória. In: *Garantias Constitucionais do Processo Civil*. Coord. José Rogério Cruz e Tucci. São Paulo: Revista dos Tribunais, 1999.

BERNI, Duílio Landell de Moura. O Duplo grau de jurisdição como garantia constitucional. In: *As Garantias do Cidadão no Processo Civil*. Coord. Sérgio Gilberto Porto. Porto Alegre: Livraria do Advogado, 2003.

BINENBOJM, Gustavo. *A Nova Jurisdição Constitucional Brasileira*. Rio de Janeiro: Renovar, 2001.

BOBBIO, Norberto. *O Positivismo Jurídico*. São Paulo: Ícone, 1995.

CALLEJÓN, Francisco Balaguer. La configuración normativa de princípios y derechos constitucionales em la Constitución Europea. In: *Jurisdição e Direitos Fundamentais*, v. 1, t. 1. Org. Ingo Wolfgang Sarlet. Livraria do Advogado: Porto Alegre, 2005.

CANARIS, Claus-Wilhelm. *Direitos Fundamentais e Direito Privado*. Coimbra: Almedina, 2003.

CANOTILHO, J.J. Gomes. *Direito Constitucional*. Coimbra: Almedina.

————. Dogmática de direitos fundamentais e direito privado. In: *Constituição, Direitos Fundamentais e Direito Privado*. Coord. Ingo Wolfgang Sarlet. Porto Alegre: Livraria do Advogado, 2003.

CAPPELLETTI, Mauro e GARTH, Brian. *Acesso à Justiça*. trad. Ellen Gracie Northfleet. Porto Alegre: Sérgio Fabbri, 1988.

CAPPELLETTI, Mauro. *La Giurisdizione Constituzionale delle Libertà*. Milano: Giuffre, 1976.

————. Acesso à Justiça. In: *Revista do MP/RS*, nº 18.

————. *Juízes Legisladores?* Trad. Carlos Alberto Alvaro de Oliveira. Porto Alegre: SAFE, 1999.

————. O Processo Civil Contemporâneo. In: *Problemas de reforma do Processo Civil nas Sociedades Contemporâneas*, Juruá, 1994.

————. O acesso à justiça e a função do jurista em nossa época. In: *Revista de Processo*, São Paulo, Editora Revista dos Tribunais, nº 61, p. 144-160.

CRUZ E TUCCI, José Rogério. Garantia do Processo sem Dilações Indevidas. In: *Garantias Constitucionais do Processo Civil*. Coord. José Rogério Cruz e Tucci. São Paulo: Revista dos Tribunais, 1999.

————. *Tempo e Processo*. São Paulo, 1997. RT.

DALLARI, Dalmo. *O Poder dos Juízes*. 3. ed. São Paulo: Saraiva, 2008.

DINAMARCO, Cândido Rangel. Relativizar a coisa julgada material. In: *Revista da Ajuris* n. 83, p. 34-65.

ECHANDIA, Hernando Devis. *Estudios de Derecho Procesal*. Buenos Aires: Zavalia, 1985.

FAZZALARI, Elio. Valori Permanenti del Processo. In: *Diritto Naturale Verso Nuove Prospettive, Quaderni di Iustitia* nº 39.

FREITAS, Juarez. O intérprete e o poder de dar vida à Constituição: preceitos de exegese constitucional. In: *Direito Constitucional: Estudos em homenagem a Paulo Bonavides.* Orgs. Eros Roberto Grau e Willis Santiago Guerra Filho. São Paulo: Malheiros, 2003.

HACK DE ALMEIDA, Vânia. *Controle de Constitucionalidade.* Porto Alegre: Verbo Jurídico: 2004.

LASPRO, Oreste Nestor de Souza. Garantia do Duplo grau de jurisdição. In: *Garantias Constitucionais do Processo Civil.* Coord. José Rogério Cruz e Tucci. São Paulo: Revista dos Tribunais, 1999.

LIEBMAN, Enrico Tullio. *Do arbítrio à razão. Reflexões sobre a motivação da sentença.* trad. Tereza Alvim. Repro 29/80.

LONGO, Luis Antonio. O princípio do juiz natural e seu conteúdo substancial. In: *As Garantias do Cidadão no Processo Civil.* Org. Sérgio Gilberto Porto. Porto Alegre: Livraria do Advogado, 2004.

MARINONI, Luiz Guilherme. *Técnica processual e tutela dos direitos.* 2. ed. São Paulo: RT, 2008.

———. *Tutela inibitória.* 2. ed. São Paulo: RT, 2000.

———. *Coisa julgada inconstitucional.* São Paulo: RT, 2008.

———. Garantia da Tempestividade da tutela jurisdicional e duplo grau de jurisdição. In: *Garantias Constitucionais do Processo Civil.* Coord. José Rogério Cruz e Tucci. São Paulo: Revista dos Tribunais, 1999.

———. O Princípio da Segurança dos atos jurisdicionais (A questão da relativização da coisa julgada material). In: *Revista Jurídica* n. 317, p. 14-33.

———; ARENHART, Sérgio Cruz. *Manual do Processo de Conhecimento.* 4. ed. São Paulo: RT, 2005.

MARTINS-COSTA, Judith. Os direitos fundamentais e a opção culturalista do novo Código Civil. In: *Constituição, Direitos Fundamentais e Direito Privado.* Coord. Ingo Wolfgang Sarlet. Porto Alegre: Livraria do Advogado, 2003.

MENDES, Gilmar Ferreira. *Jurisdição Constitucional.* São Paulo: Saraiva.

———; COELHO, Inocêncio Mártires; BRANCO, Paulo Gustavo Gonet. *Curso de Direito Constitucional.* 2. ed. São Paulo: Saraiva, 2008.

MIRANDA, Jorge. A tutela jurisdicional dos direitos em Portugal. In: *Direito Constitucional: Estudos em homenagem a Paulo Bonavides.* Orgs. Eros Roberto Grau e Willis Santiago Guerra Filho. São Paulo: Malheiros, 2003.

MITIDIERO, Daniel. *Elementos para uma teoria contemporânea do processo civil brasileiro.* Porto Alegre: Livraria do Advogado, 2005.

———. MARINONI, Luiz Guilherme. *Repercussão geral no recurso extraordinário.* São Paulo: RT, 2007.

NERY JR., Nelson. *Princípios do Processo Civil na Constituição.* São Paulo: Revista dos Tribunais, 2000.

OLIVEIRA, Carlos Alberto Alvaro. Garantia do contraditório. In: *Garantias Constitucionais do Processo Civil.* Coord. José Rogério Cruz e Tucci. São Paulo: Revista dos Tribunais, 1999.

———. *O Formalismo no Processo Civil.* Rio de Janeiro: Saraiva, 1997.

———. O processo civil na perspectiva dos direitos fundamentais. In: *Revista de Direito Processual Civil – Genesis,* n. 26, out./dez. 2002, p. 653-664.

Lições de Direitos Fundamentais no Processo Civil

PERLINGIERI, Pietro. A doutrina do direito civil na legalidade constitucional. In: *Direito Civil Contemporâneo*. Org. Gustavo Tepedino. São Paulo: Atlas, 2008.

PORTANOVA, Rui. *Princípios do Processo Civil*. Porto Alegre: Livraria do Advogado.

PORTO, Sérgio Gilberto. Coord. *As garantias do Cidadão no Processo Civil. Relações entre Constituição e Processo*. Porto Alegre: Livraria do Advogado, 2002.

———. Cidadania Processual e Relativização da Coisa Julgada. In: *Revista Jurídica* nº 304, p. 23-31, fev-2003.

REIS, Marcelo Terra. Tempestividade da Prestação Jurisdicional como Direito Fundamental. In: *A Constitucionalização do Direito*. Orgs. Anderson Teixeira e Luis Antonio Longo. Porto Alegre: SAFE, 2008.

RENAULT, Sergio Rabello Tamm e BOTTINI, Pierpaolo. *Reforma do Judiciário*. São Paulo: Saraiva, 2005.

SARLET, Ingo Wolfgang. *Eficácia dos Direitos Fundamentais*. Porto Alegre: Livraria do Advogado, 1998.

———. Breves notas sobre a contribuição dos princípios para a renovação da jurisprudência brasileira. In: *Direito Civil Contemporâneo: novos problemas à luz da legalidade constitucional*. Org. Gustavo Tepedino. São Paulo: Atlas, 2008.

———. (org.) *A Constituição Concretizada. Construindo pontes com o público e o privado*. Porto Alegre: Livraria do Advogado, 2000.

———. (org.) *Constituição, Direitos Fundamentais e Direito Privado*. Porto Alegre: Livraria do Advogado, 2003.

SARMENTO, Daniel. *A Ponderação de Interesses na Constituição Federal*. Rio de Janeiro: Lumen Juris, 2000.

SCHOLLER, Heinrich. *O Princípio da Proporcionalidade no Direito Constitucional e Administrativo da Alemanha*. Trad. Ingo Wolfgang Sarlet. In: Interesse Público nº 2, p. 93-107.

SCHWAB, Karl Heinz. *Divisão de Funções e Juiz Natural*. RePro 48.

SILVA, Ovídio Baptista da. Coisa julgada Relativa? In: *Revista Jurídica* n. 316, p. 7-18.

SPAGNOLO, Juliano. A garantia do juiz natural e a nova redação do art. 253, CPC. In: *As Garantias do Cidadão no Processo Civil*. Org. Sérgio Gilberto Porto. Porto Alegre: Livraria do Advogado, 2004.

STERN, Klaus. O juiz e a aplicação do Direito. In: *Direito Constitucional: Estudos em homenagem a Paulo Bonavides*. Orgs. Eros Roberto Grau e Willis Santiago Guerra Filho. São Paulo: Malheiros, 2003.

STOCKINGER, Francisco Tiago. O Provimento e a Garantia do Contraditório. In: *As Garantias do Cidadão no Processo Civil*. Porto Alegre: Livraria do Advogado, 2003.

STRECK, Lenio Luiz. *Jurisdição Constitucional e Hermenêutica*. 2. ed. Rio de Janeiro: Forense, 2004.

TALAMINI, Eduardo. *Coisa julgada e sua Revisão*. Sao Paulo: RT, 2005.

TARUFFO, Michele. *La motivazione della sentenza civile*. Padova, CEDAM, 1975.

———. Il Significato Costituzionale dell'obbligo di motivazione, p. 37. In: *Participação e Processo*. Coord. Ada Pellegrini Grinover. São Paulo: RT, 1990.

————. Idee per una teoria della decisione giusta. Disponível em www.dirittosuweb.it. Acesso em 24.04.2003.

TARZIA, Giuseppe. *O Contraditório no Processo Executivo*. RePro 28.

TEIXEIRA, Sálvio Figueiredo de. Coord. *As Garantias do Cidadão na Justiça*. São Paulo: Saraiva.

TESHEINER, José Maria Rosa. Relativização da coisa julgada. In: *Revista do Ministério Público* n. 47, Porto Alegre, p. 104-114, 2002.

THEODORO JUNIOR, Humberto e FARIA, Juliana Cordeiro de. A coisa julgada inconstitucional e os instrumentos processuais para seu controle. In: *Revista do Ministério Público/RS* n. 47, p. 11-31.

TROCKER, Nicolò. *Il nuovo articolo 111 della Costituzione e il 'il giusto processo' in materia civile: profili generale*. RTDPC, giugno 2001, anno LV, n. 2. Milano: Giuffre.

WAMBIER, Luiz Rodrigues. *Anotações sobre do Devido Processo Legal*. RePro 63.

WAMBIER, Tereza Arruda Alvim et alli. Org. Reforma do Judiciário. Primeiras reflexões sobre a emenda constitucional n. 45/2004. São Paulo: RT, 2005.

ZAGREBELSKY, Gustavo. *Diritto Mitte*. Torino: Einauldi, 1992.

————. *Il giudice delle leggi artefice del diritto*. Milano: Editoriale Scientifica, 2007.

————. *Fragilità e forza dello Stato Costituzionale*. Milano: Editoriale Scientifica, 2006.

ZANETTI JÚNIOR, Hermes. *Processo Constitucional. O modelo Constitucional do Processo Civil Brasileiro*. Rio de Janeiro: Lumen Juris, 2007.

Impressão:
Evangraf
Rua Waldomiro Schapke, 77 - P. Alegre, RS
Fone: (51) 3336.2466 - Fax: (51) 3336.0422
E-mail: evangraf.adm@terra.com.br